Egerer, Schreibschriften

Helmut Egerer

Schreibschriften

Künstlerisches Kalligrafieren für Einsteiger
Lehrbuch

Augustus Verlag Augsburg

Die Deutsche Bibliothek – CIP-Einheitsaufnahme

Egerer, Helmut:
Schreibschriften : künstlerisches Kalligrafieren für Einsteiger /
Helmut Egerer. – Augsburg : Augustus-Verl.

Lehrbuch. – 1991
ISBN 3-8043-0169-X

Umschlaggestaltung und Layout: Helmut Egerer, München

AUGUSTUS VERLAG AUGSBURG 1991

Satz: 10 P Baskerville von Utesch Satztechnik GmbH
Gesamtherstellung: Appl, Wemding
Printed in Germany
ISBN 3-8043-0169-X

Vorwort

Wohl die meisten Leute begegnen der Schriftkunst mit ziemlichem Unverständnis und halten das Schön-schreiben, das Kalli-grafieren für einen nostalgischen Zeitvertreib. Im Computerzeitalter haben wir uns angewöhnt, die Dinge pragmatisch zu sehen. Schrift bedeutet für uns Information. Die Form und Anordnung der Buchstaben scheint nicht wichtig.

Andererseits ist uns eine klare Gliederung des Textes angenehm: Wenn die Zeilen nicht zu lang, die Buchstaben nicht zu groß oder zu klein, die Überschriften deutlich angeordnet sind; kurz, der Text leicht lesbar und interessant aufgemacht ist.

Die Schriftkunst ist ihrem Wesen nach sehr bescheiden und einem Zweck verpflichtet. Ist auch die wahre Qualität guter Schriftgestaltung oft nur für den Fachmann erkennbar, so genießt doch jeder Leser unbewußt ihre Vorzüge oder registriert ihre störenden Mängel. So wie wir, auch ohne selbst Musiker zu sein, so manchen falschen Ton heraushören können.

Unsere gesamte Kultur, die Entwicklung von Wissenschaft und Technik, ist ohne das Alphabet nicht denkbar. Die Schrift, die dem Gedanken die speicherbare Form gibt, ist der Schlüssel zum heutigen Kommunikationszeitalter. Schrift war und ist in ihrer Rolle einem steten Wandel unterworfen. Als Gutenberg im 15. Jahrhundert das Drucken mit beweglichen Lettern erfand, verlor das Schrift*schreiben* seine eigentliche Bedeutung, nämlich Texte zu vervielfältigen. Doch blieb die geschriebene Schrift immer das Vorbild für die Drucktype. Alle guten Schriftschöpfer waren darum bemüht, den kalligrafischen Formen nachzueifern und ihre Qualitäten auf die neue Technik des Druckens zu übertragen. Genauso entscheidend ist es auch heute, die traditionellen Werte in ihrem prägenden Einfluß auf unser Leseverhalten zu erkennen und auf die zeitgemäßen Anforderungen und Möglichkeiten umzusetzen.

In unserer schnellebigen Zeit ist gute Schriftarbeit selten geworden. Symptomatisch sind die unreifen persönlichen Handschriften. Das Telefonieren ersetzt weitgehend die private Korrespondenz, Computertechnik besorgt die Geschäftspost. Um so erfreulicher ist das nun schon seit Jahren anhaltende Interesse an der Kalligrafie. In der gewonnenen Freizeit suchen viele Menschen auch hier die handwerkliche Kreativität und entdecken so die Schönheit und Vielfalt unserer abendländischen Schriftkultur.

Dieses Buch beschäftigt sich mit den sogenannten Schreibschriften oder

Kursiven, die ihrem Ursprung nach immer schnell und fließend geschrieben werden. Sie sind nicht zuletzt geeignet, die eigene Handschrift zu kultivieren.

Vieles im Schriftcharakter drückt sich durch das Werkzeug aus. Darum werden den Breitfederkursiven die relativ jungen Formen aus der Spitzfeder gegenübergestellt. Nach dem gründlichen Studium der »Klassiker« ist das weitere Experimentieren mit anderen, zum Teil selbstgefertigten Schreibgeräten eine sinnvolle Anregung.

Schönschreiben lernen bedarf der Muße und bedeutet vor allem fleißig üben. Die methodische Anleitung in diesem Buch soll dabei helfen, mit Geduld und Ausdauer sein Ziel zu erreichen. Es ist ganz wichtig, langsam und konzentriert anzufangen und nicht gleich den Mut zu verlieren, wenn's mal nicht so klappt. Denn die Mühe lohnt sich. Mit der Beherrschung der handwerklichen Grundlagen verfügen Sie schließlich über eine *eigene* Quelle schöpferischer Phantasie und Ausdruckskraft!

Inhaltsverzeichnis

1 Einleitung

Der Begriff Schreibschrift oder Handschrift ist zunächst vielleicht irreführend. In unserer Zeit verstehen wir darunter mehr die persönliche Handschrift des Einzelnen. Sie ist Ausdruck seines Charakters, seines Alters, seines Bildungsniveaus und natürlich auch seiner manuellen Geschicklichkeit. Sie folgt jedoch kaum schriftkünstlerischen Vorstellungen und ist darum eher unter grafologischen Aspekten interessant.

Bis vor knapp 100 Jahren orientierten sich die Schreibschriften an zeitgemäßen Idealnormen. Neben den künstlerisch höherstehenden Buchschriften – später den Druckschriften – dienten sie als Verkehrsschriften dem täglichen Gebrauch. Eine Aufgabe, die nach schnell zu schreibenden, gut lesbaren und offiziell übereinstimmenden Formen verlangte. Kanzleischreiber und Sekretäre waren bemüht, diese sogenannten Kursiv- oder Kurrentschriften einzuüben, zu pflegen und – bei allem virtuosen Ehrgeiz – in ihrer einheitlichen Gestalt beizubehalten. Individuelle Eigenarten waren den kommunikativen Zielen abträglich.

Auch private Briefe wurden in eigens ausgebildeten Handschriften verfaßt. Wer es sich leisten konnte, gab sich nicht mit normalem Schulunterricht zufrieden, sondern vertraute sich den Schreibmeistern an oder studierte ihre Vorlagenbücher.

Heute ersetzen Schreibmaschinen, Text- und Datenverarbeitungssysteme die Handschrift. Bedauerlicherweise trübt der damit einhergehende Verfall des manuellen Feingefühls das Verhältnis zur Schriftkultur insgesamt. Denn ihre Entwicklung ist entscheidend geprägt durch die gegenseitige Beeinflussung der Schreibschriften einerseits und der Buch- oder Druckschriften andererseits. Den Schreibschriften entsprangen spontan neue, flüssige Formen, die als belebende Elemente in die durchgestalteten Buchschriften eingingen. Umgekehrt hatten diese einen veredelnden Einfluß auf die Schreibschriften. In diesem Wechselspiel liegt der Ansporn für eine Auseinandersetzung mit der Kalligrafie in modernen Zeiten.

Wer sich in unseren Tagen anschickt, mit Feder und Tinte kunstvolle Buchstaben zu schreiben, der wird oft genug gefragt, ob die große Zeit der Kalligrafie nicht schon länger vorbei sei. Tatsächlich ist die maßgebliche Epoche der westlichen Schreibkunst mit der Erfindung der Druckkunst zu Ende gegangen. Vor 500 Jahren!

Das geschriebene Buch wurde im 15. Jahrhundert durch das gedruckte abgelöst. Den klösterlichen Schreibern des Mittelalters folgten die Kanzleischreiber der königlichen Höfe. War bis dahin die Kalligrafie – wie der gesamte Bildungsapparat – unter kirchlicher Obhut, so fiel ihr jetzt eine weltliche und zunehmend auch kommerzielle Rolle zu. Briefe, Listen, Verträge und Urkunden wurden ja weiterhin von Hand geschrieben; bedurften der repräsentablen Aufmachung. Und damit begann die bedeutsamste Zeit der Schreibschriften. Bis heute sind sie als dynamisches Element im Schriftschaffen unentbehrlich. Sie sind nicht nur ein Teil jeder ernsthaften Schriftausbildung, als belebende Akzente sind sie auch für die aktuelle Typografie eine Bereicherung.

1.1 Kurze Geschichte der geschriebenen Schrift in Europa.

SPQR

Oben: Capitalis Monumentalis (Inschrift)
Rechts: Capitalis Quadrata (Buchschrift)

Mit den Großbuchstaben der römischen *Capitalis* des 1. Jahrhunderts begann die eigentliche Geschichte unseres Alphabets. In ihr waren alle heute gültigen Prinzipien der Form und Gliederung schon voll ausgebildet. Sie wurde als Inschrift (Capitalis monumentalis) mit flachem Pinsel auf Stein vorgeschrieben und mit dem Meißel nachgeschlagen. Oder als Buch-

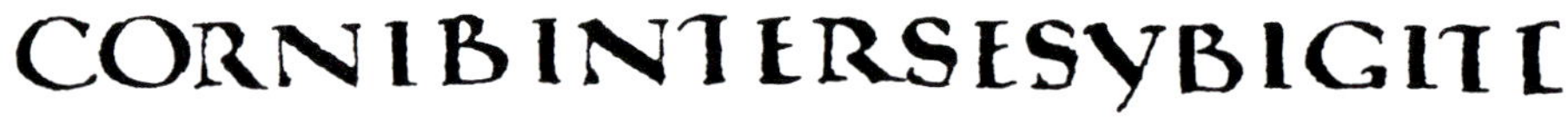

schrift (Capitalis Quadrata) mit einer breitgeschnittenen Rohrfeder auf Papyrus oder Pergament ausgeführt. Die Harmonie im Rhythmus von geraden, schrägen und runden Formen, die fein ausgebildeten Endstriche (Serifen) und vor allem der durch Pinsel und Feder bestimmte Wechselzug bildeten eine Schrift von höchster Vollendung. Sie bezeugte damit Glanz und Gloria des Römischen Imperiums.

Für die zweckgebundene Anwendung in Handel, Wirtschaft und Verwaltung war die Capitalis jedoch zu aufwendig und zeitraubend. Dagegen ließ sich die römische *Majuskelkursiv*, eine vereinfachte Großbuchstabenschrift, schnell und fließend schreiben. Diese Verkehrsschrift wurde mit einem Griffel in Wachstäfelchen geritzt oder mit der schmalen Rohrfeder auf Papyrus geschrieben. Durch das leichte Gleiten der Feder zogen sich mitunter Schriftzeichen zusammen und einzelne Buchstabenteile tanzten aus dem sonst strengen Band heraus. In der Folge entstand mit der *Minuskelkursiv* eine regelrechte Kleinbuchstabenschrift. Die Buchstaben gerieten

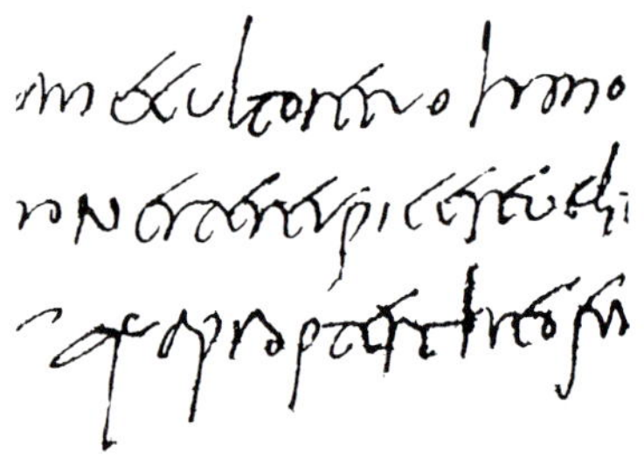

Ältere römische Kursiv oder Majuskelkursiv (Schreibschrift)
Großbuchstaben werden auch Majuskeln oder Versalien genannt

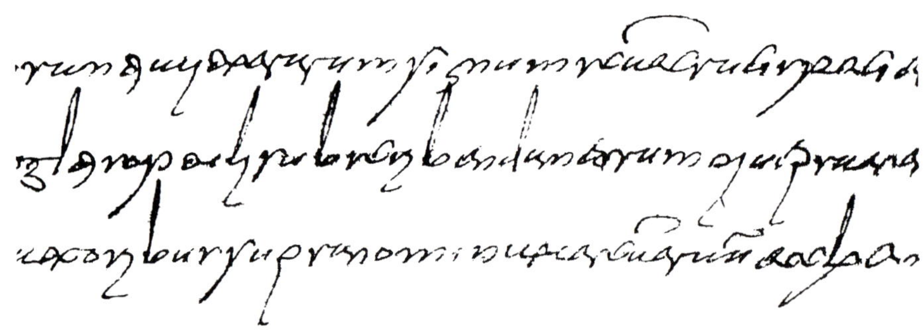

Jüngere römische Kursiv oder Minuskelkursiv (Schreibschrift)
Kleinbuchstaben werden auch Minuskeln oder Gemeine genannt

im Verhältnis kleiner, geschlossener und zeigten zum erstenmal Ober- und Unterlängen.

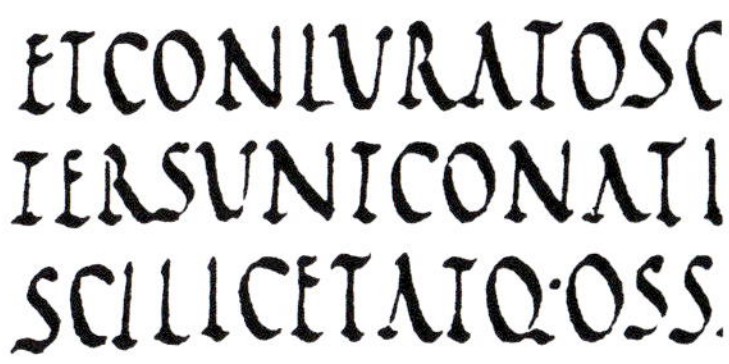

Rustica (Buchschrift)

Natürlich war zügiges Schreiben auch ein Kriterium für die Buchschriften. Die schmale *Rustica* des 4. Jahrhunderts war schon schneller zu schreiben als die Capitalis. Doch war hier die Schreibgeschwindigkeit zweitrangig. Maßgebend blieb das ästhetische Ideal einer präzisen Buchstabenfigur. Unter dem Einfluß christlicher Kultur schufen die römischen Buchschreiber im 5. Jahrhundert die *Unziale*. Eine geschmeidige Großbuchstabenschrift mit leichten Ansätzen zu Ober- und Unterlängen, welche sich in der späteren *Halbunziale* dann fertig durchbildeten. Ober- und Unterlängen waren keine formale Spielerei, sondern ein sinnvolles Mittel zur Verbesserung der Lesbarkeit. Auf diese Weise bildete sich ein prägnanter Wort*umriß*, der das zusammenhängende Lesen ganzer Silben ermöglichte. Der entscheidende Impuls für diesen Schritt kam von den römischen Kursiven.

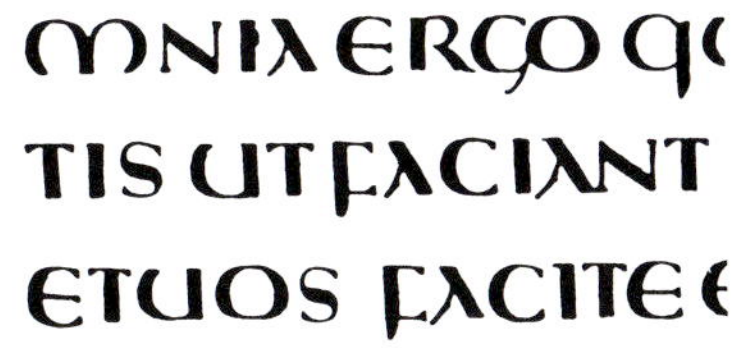

Unziale (Buchschrift)

Auch nach dem Zerfall des Römischen Reiches wurden dessen Buchschriften in den vormals verwalteten Ländern weiter angewendet und in ihrer ursprünglichen Form beibehalten. Einem steten Wandel waren allerdings die Kursiven unterworfen. In ganz Europa verteilt bildeten sich daraus die *Regionalschriften* mit ihren lokalen Einfärbungen. Oft temperamentvoll und malerisch, jedoch im Laufe der Zeit verwildert, mit verschlungenen Buchstabenverbindungen und rätselhaften Abkürzungen, waren sie nur noch für den Kundigen lesbar.

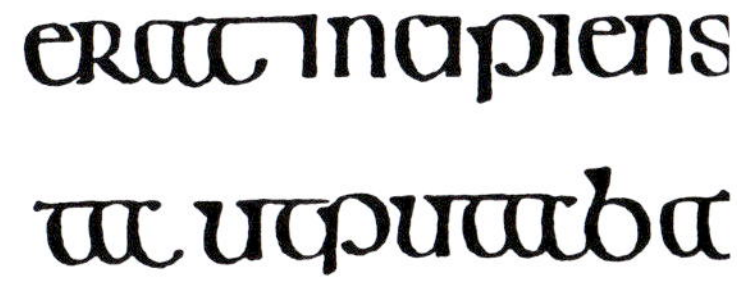

Halbunziale (Buchschrift)

Um dem entgegenzuwirken, ließ Karl der Große in einer umwälzenden Schriftreform Ende des 8. Jahrhunderts die *Karolingische Minuskel* erarbeiten. Für Verwaltung und Bildungswesen seines großen Frankenreiches in der Nachfolge Roms, brauchte er eine in allen Gebieten einheitliche Schrift. Die Regionalschriften wurden ziemlich bald von der Karolingischen Minuskel verdrängt. Sie war nicht nur diszipliniert im Aufbau und von edler Proportion, sondern vor allem schnell und bequem zu schreiben. In ihr

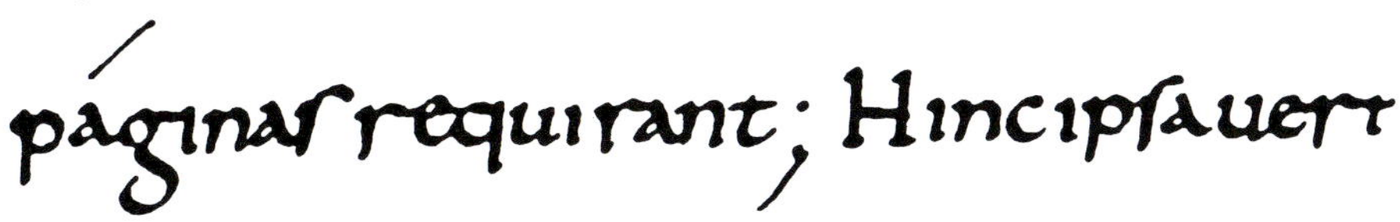

Karolingische Minuskel (sehr schnelle Buchschrift)

erkennen wir das Modell unserer heutigen Kleinbuchstaben. Sie ist die Wurzel aller weiteren Schriftformen, die sich fortan in zwei Richtungen verzweigten. Die der *gebrochenen Schriften* gotischen Stils und die der *runden Schriften* lateinischen Stils.

Mit Beginn des 13. Jahrhunderts wurde der romanische Baustil im Norden Europas durch den gotischen abgelöst. Die runde, massive und ausgewogene Architektur wurde spitz, filigran und steil. Dem Zeitgeist nach änderte sich auch das Formgefühl der Schriftkünstler. In der *Gotischen Minuskel* zeigten sich zuerst die Stilmerkmale gotischer Schriften. Ihre Buchstaben sind schmal, die Rundungen eckig gebrochen. Wortbilder wur-

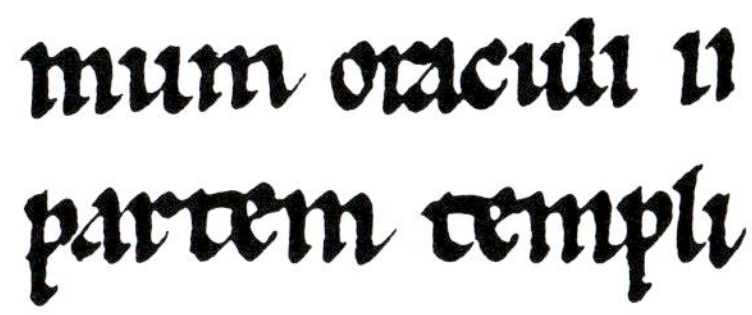

Gotische Minuskel (Buchschrift)

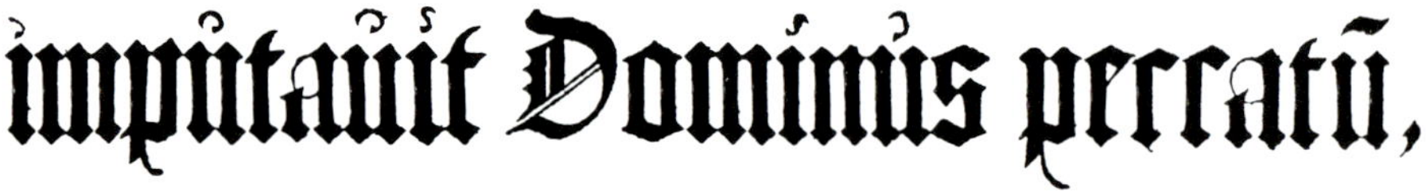

Textur von Fugger (Buchschrift)

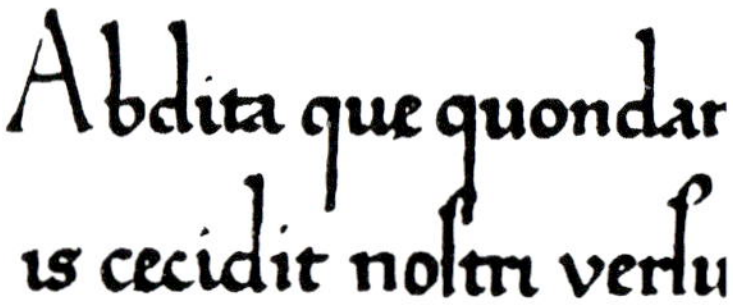

Antiqua von Wagner (Buchschrift)

den dichter und strenger. Die *Textur* des 15. Jahrhunderts ist das extreme Beispiel einer gebrochenen Schrift. Der völlige Verzicht auf Rundungen – die selten eingesetzten Großbuchstaben sind der Unziale entlehnt – machten aus dem Textbild ein absolut harmonisches Gewebe, das aber schwer zu lesen war.

Südlich der Alpen fand die Gotik wenig Freunde. Von dort erhielt sie ihren Namen. Die gotische Kunst ist nicht die Kunst der Goten. Gotisch war dem lateinischen Italien ein Synonym für barbarisch. Jene Kunst und so auch ihre Schriften blieben diesem Land wesensfremd. Von Italien aus sollte vielmehr eine Schrift die Welt erobern, die ihre Beliebtheit einem historischen Irrtum verdankte. Die Humanisten verkannten in ihrem Studium klassischer Werke, daß es sich dabei um Abschriften aus karolingischer Zeit handelte. Im Glauben, es handele sich dabei um die originale Schrift der Antike, sprachen sie von der »littera antiqua«, der alten Schrift. Jene *Humanistische Minuskel* der Renaissance war eine direkte Ableitung aus der späten karolingischen Schrift. Sie glich ihr fast bis aufs i-Tüpfelchen. (Der Umlautpunkt wurde tatsächlich neu eingeführt). Dazu kamen zum erstenmal Versalien in regelmäßiger Verwendung. Diese entstammten –in Konsequenz der irrigen Zuordnung – der rein klassischen Capitalis. Das Ergebnis hieß von nun an *Antiqua*.

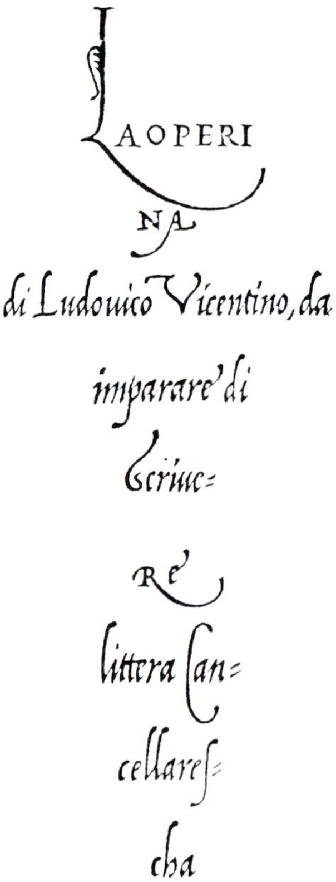

Im 15. Jahrhundert begann zugleich das Gutenbergzeitalter. Jetzt wurden Bücher *gedruckt* und vor allem veröffentlicht. Die Kalligrafie überlebte nicht nur zweckgebunden in den Schreibschriften, sondern wurde weiterhin von den Schreibmeistern als Kunst ausgeübt. Proben ihres Könnens blieben uns in kostbaren Vorlagenbüchern erhalten. Sie befriedigten den Bildungshunger ihrer Zeit und gaben auch dem Mittelstand die Möglichkeit, sich ohne Lehrer dieser Kunst zu widmen. *Yciar, Arrighi, Palatino, Wagner, Neudörffer, Fugger, Wyss, Neff* und *Barbedor* waren nur einige der großen Namen bis ins 17. Jahrhundert. Neben dem Schreiben selbst und dem Unterrichten war eine neue Aufgabe das Entwerfen von Druckschriften.

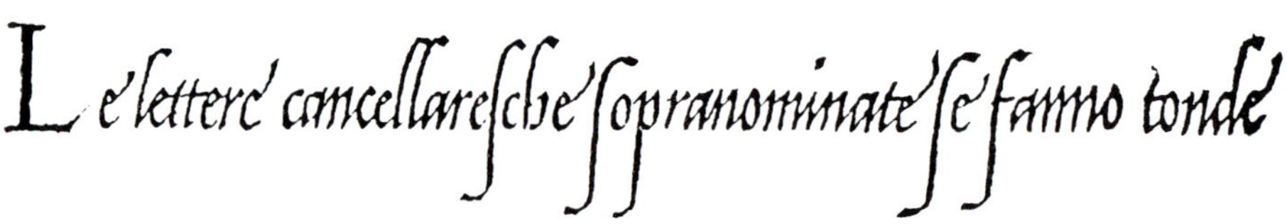

Oben die Cancellaresca von Vicentino, genannt Arrighi. Rechts die von Palatino (veredelte Schreibschriften)

Im Bemühen um eine besonders rasche Schreibweise ging aus den italienischen Kanzleien des 15. Jahrhunderts eine schrägliegende Schreibschrift hervor. Diese *Cancellaresca* wurde zum Vorbild für die Antiquakursiven der Drucktypen wie überhaupt für alle lateinischen Schreibschriften. Ihre schmalen und spitzen Buchstabenformen sind den gotischen Kursiven sehr ähnlich.

Spanien, Frankreich und der gesamte Norden bevorzugten vorerst die aus den gotischen Kursiven hervorgegangenen *Bastardschriften*. Bedeutendste deutsche Schriftschöpfung im 16. Jahrhundert war die *Fraktur*, die noch ganz aus der Kalligrafie entstanden ist. Sie wurde zur Druckschrift der deutschen Sprache schlechthin. Die sehr ähnliche *Kanzlei* war Grundschrift

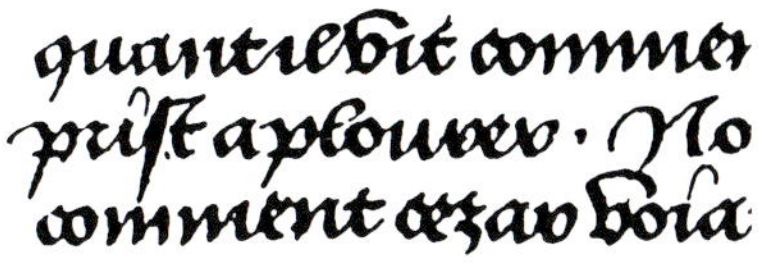

Französische Bastarda (Schreibschrift)

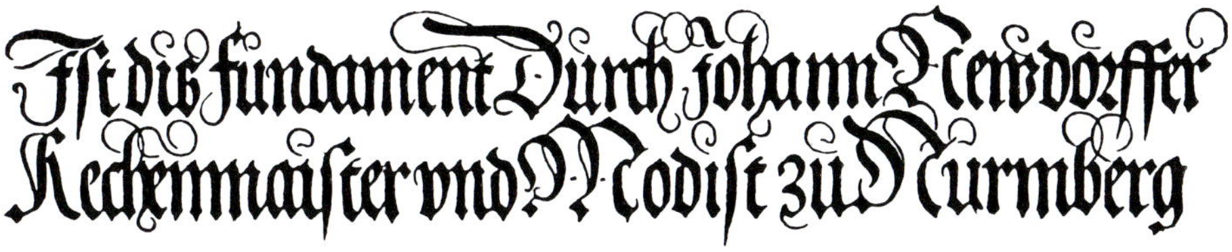

Fraktur von Neudörffer (Buchschrift)

in den höfischen Schreibstuben. Als allgemeine Verkehrsschrift galt die *Kanzleikurrent*. Beide wurden auch in England geschätzt, neben der dort heimischen *Court hand, Chancery* oder *Engrossing*. Kanzleischrift der französischen Renaissance war die aus der Lettre batarde entwickelte *Financière*.

Eine einheitliche Gebrauchsschrift, nicht zuletzt auch für Schulen, wird mit der *Deutschen Kurrent* geschaffen, Vorläuferin der *Deutschen Schreibschrift* des 18. Jahrhunderts. Sie wurde im Laufe der Zeit manieriert und büßte an Lesbarkeit ein. Zweifellos wurde diese Tendenz mit der durch den Kupferstich populär gewordenen Spitzfeder gefördert. *Sütterlins* Reform 1915, hin zu einer präzisen Schnurzugschrift und *Rudolf Kochs* Vorschläge für die Wiedereinführung der Breitfeder, bilden den Ausklang der deutschen Schreibschriften. Da sich gotische Schriften generell nicht zur internationalen Propaganda eigneten, wurde ihre Verwendung 1941 im Nazi-Deutschland weitgehend eingestellt.

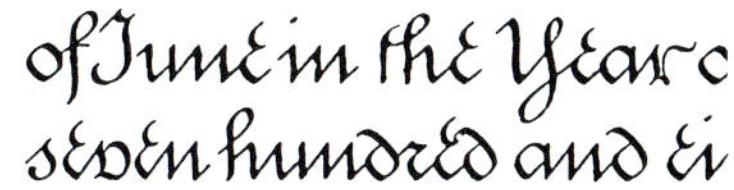

Chancery (Schreibschrift)

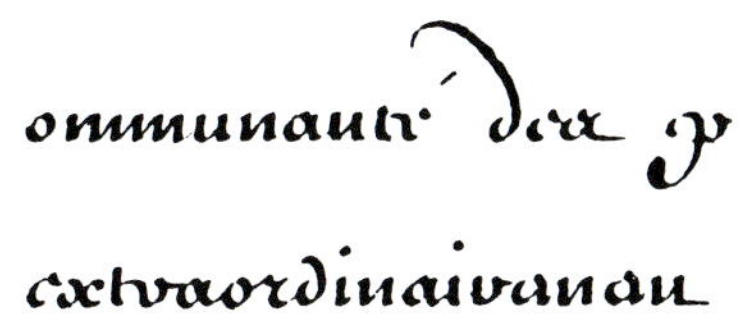

Financière (Schreibschrift)

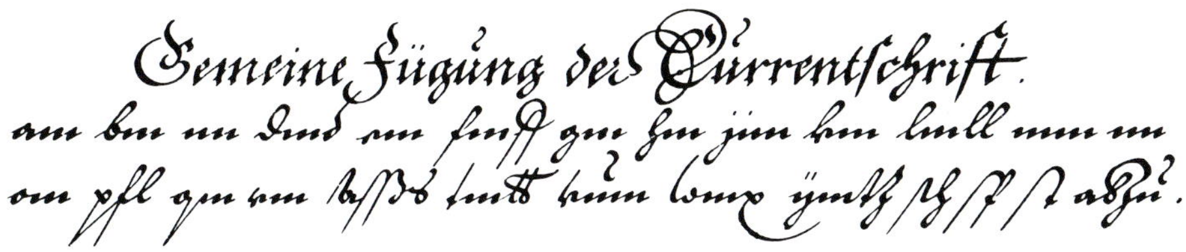

Deutsche Kurrent des 17. Jahrhunderts (Breitfeder-Schreibschrift)

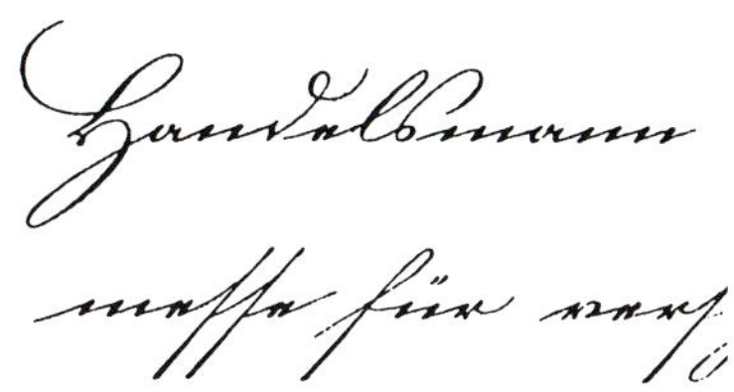

Deutsche Kurrent des 19. Jahrhunderts (Spitzfeder-Schreibschrift)

Dennoch hielten sich die gotischen Schriften in Deutschland vergleichsweise am längsten. Im restlichen Europa erfreuten sich dagegen seit dem 16. Jahrhundert die lateinischen ständig wachsender Beliebtheit. Vor allem in England fiel die »cursiva humanistica« auf fruchtbaren Boden. Erste eigenständige Variante ist eine *Chancery hand*. Im Rokoko und Klassizismus kommt auch unter diesen Schriften der Gebrauch der spitzen Feder in Mode. Spontane und individuelle Merkmale weichen dem ausgefeilten und anonymen Schriftbild. Die *Englische Schreibschrift* wird vom Ende des 18. Jahrhunderts an, begünstigt durch den weltweiten Handel Englands, zur berühmtesten Spitzfederkursiven bis heute.

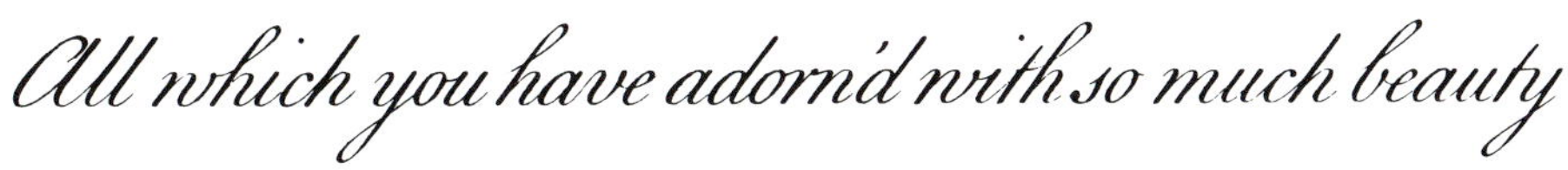

Englische Schreibschrift von Bickham

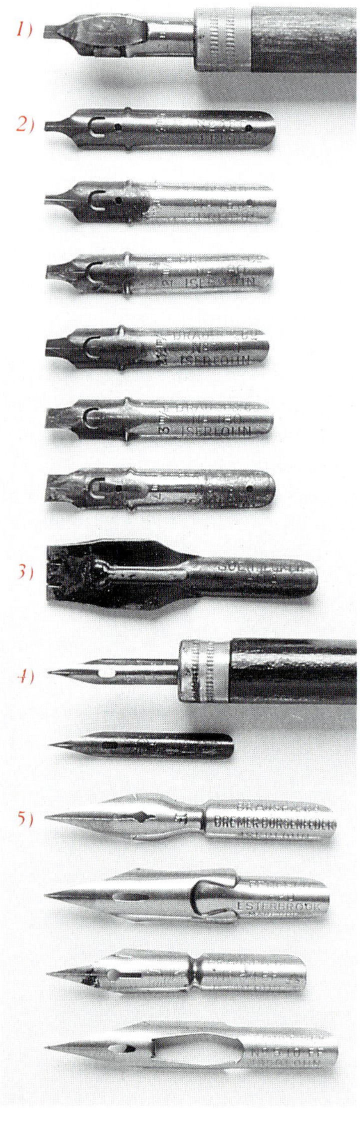

Stahlfedern: 1) 2-mm-Breitfeder mit Überfeder und Federhalter, 2) verschiedene Breiten, 3) 8-mm-Spatel, 4) übliche Spitzfeder mit Federhalter, 5) sonstige Spitzfederformen

1.2 Materialien

Mittlerweile – infolge eines schon länger anhaltenden Kalligrafiebooms – bietet die Industrie ein unüberschaubares Sortiment an Füllern, Farbpatronen, Tuschen, Blocks und Anleitungsheftchen. Wenn man auch glänzende Augen kriegen könnte angesichts dieser Auswahl, ist letztenendes das Angebot, gerade für den Einsteiger, sehr verwirrend. Sicher ist es besser, erst einmal die originalen und dabei auch viel billigeren Werkzeuge kennenzulernen, um deren Qualitäten mit den Neuheiten zu vergleichen.

Ein Füller ist zweifellos bequem zu handhaben; wir brauchen nicht ständig nachtanken und auf Kleckse achtgeben. Allerdings ist sein Anwendungsbereich etwas eingeschränkt. Passende Breitfedern gibt es bis 2,7 mm, spitze Federn nur in starrer Ausführung, die für unsere Zwecke ungeeignet sind. Als Schreibflüssigkeit dürfen wir lediglich Füllertinte benutzen.

Die einfache Stahlfeder gibt es von 0,5 mm bis zu 5 mm Breite oder als Spitzfeder aus elastischem Stahl. Sie wird in einen möglichst runden Federhalter gesteckt und kann mit Tinte, Tusche, Aquarellfarbe usw. gefüllt werden. Das Ganze erfordert etwas mehr Sorgfalt, Konzentration und Muße, allesamt Faktoren, die sich nur positiv auf die Schreibarbeit auswirken.

1.2.1 Die Breitfeder

Sie wird auch Bandzugfeder genannt, da sie, ihrer Breite gemäß, fette Bänder schreibt. Führen wir diese Feder im gleichbleibenden Winkel über das Papier, verändern diese Bänder ihre Breite. Es modelliert sich ein organischer Wechselzug.

Der Schlitz in der Mitte gewährleistet den stetigen Tintenfluß. Zudem kann sich die Feder auf Druck ein wenig spreizen, die Schreibspur somit leicht anschwellen. Mit subtiler Veränderung der Federhaltung oder dem Gebrauch der Federkante vermag man diesem Instrument die meisten Möglichkeiten zu entlocken. Breitfedern sind für Rechtshänder entweder völlig gerade oder rechts abgeschrägt, für Linkshänder sind sie links abgeschrägt. Als zusätzliches Tintenreservoir ist oft eine Über- oder Unterfeder aufgesteckt. Empfehlenswert sind die Bandzugfedern Nr. 180 von Brause.

1.2.2 Die Spitzfeder

Spitzfedern reagieren sensibel auf den schwächsten Druck. Der elastische Stahl erlaubt der ebenfalls gespaltenen Spitze ein extremes Spreizen. Ohne Druck erzeugt sie bloß einen Schnurzug. Ansteigen und Nachlassen des Druckes läßt die Linie an- und abschwellen. Der Duktus wird nicht, wie bei der Breitfeder, durch die Federhaltung und -größe bestimmt. Wir benötigen darum weitgehend nur eine Federgröße. Einfache Zeichenfedern sind zu weich und halten der hohen Belastung nicht stand. Die Spitze muß sich immer wieder sauber schließen, sonst wird das Arbeiten frustrierend. Die blauen Brausefedern Nr. 513 sind nach meiner Erfahrung sehr zuverlässig.

Fabrikneue Federn müssen eingeschrieben werden. Sie sind anfangs etwas widerspenstig, die Tinte will noch nicht richtig laufen und perlt ab. Breitfedern können Sie dann über einem Streichholz kurz ansengen. Spitzfedern verlieren durch eine solche Prozedur ihre Elastizität. Angemessener ist Abwaschen mit Seife, Spülmittel oder leichtes Anrauhen der Oberfläche mit feinem Schleifpapier. Oft reicht ein wenig Geduld. Es dauert nicht lange, bis sich die Tinte an der Feder festbeißt.

Spitzfedern verschleißen relativ schnell. Irgendwann bricht ein Stück der zarten Spitze ab. Ein kleiner Vorrat ist also ratsam. Alle anderen Federn halten ewig, wenn wir sie pflegen. Nicht allein nach der Arbeit, auch währenddessen – wenn sich Papierfasern oder Farbpartikel festsetzen – sollten wir unser Werkzeug mit klarem Wasser reinigen. Darum ist auch bei technisch aufwendigerem Kalligrafiegerät zu beachten, ob es weitgehend zerlegbar und damit leicht auszuwaschen ist.

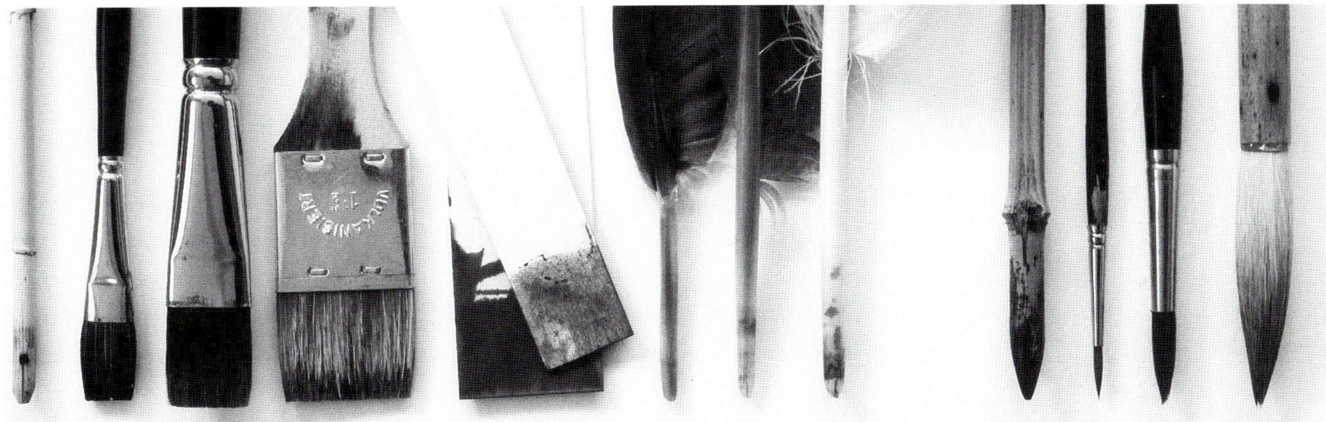

Weitere Schreibwerkzeuge: 1) Rohrfeder, 2) Breitpinsel (Plakatschreiber), 3) Firnispinsel, 4) Kartonstreifen, 5) Rabenfeder, 6) Gänsefeder (Nilgans), 7) Adlerfeder, 8) Bambusfeder (auch mit extremer Spitze erhältlich, wie auf Seite 58), 9) Spitzpinsel, 10) chinesischer Tuschpinsel.

Um die darin schlummernde formale Kraft und ihre überraschenden Effekte virtuos zu nutzen, bedarf es natürlich der handwerklichen Sicherheit.

1.2.3 Federhalter

Beide Federtypen werden in denselben Federhalter gesteckt. Welcher im Einzelfall der bequemste ist, mag jeder für sich selbst entscheiden. Eckige Halter behindern jedoch beim Drehen und Verkanten der Feder. Gut in der Hand – wenn auch nicht als *Feder*halter bezeichnet – liegen die Radiernadelhalter von Heintze & Blanckertz.

1.2.4 Schreibflüssigkeiten

Tinte ist einerseits von sehr dünner Konsistenz, die leicht aus der Feder fließt, andererseits formt sie aber immer kantenscharfe Figuren, weil sie selbst auf stark saugendem Papier nicht ausläuft. Mit Tusche kann das leicht passieren, obwohl sie dickflüssig ist. Tusche verkrustet schnell in der Feder, trocknet auf dem Papier mit unschönen Glanzstellen auf und ist so nur verdünnt brauchbar. Sie ist flüssig oder in festen Riegeln erhältlich. Die lasierende Tinte bringt –zumal auf hellen Papiertönen – die stilvolleren Ergebnisse. Wir verwenden zunächst ein neutrales Brillantschwarz (z. B. Pelikan 4001). Lichtechte und relativ radierfeste Urkundentinte ist beim Schreiben noch dunkelblau, färbt sich im Laufe der Zeit aber tiefschwarz. Der klassische Farbakzent im schwarzen Grundtext ist Rot. Neben blauer, grüner, brauner Tinte ist inzwischen eine Fülle von Mischtönen – häufig mit Tuschen versetzt – auf dem Markt, die man mühelos selbst anrühren kann.

Ähnlich wie Tinte verhält sich Aquarellfarbe. Auch hier schimmert der Papierton durch und läßt die Farben leuchten. Ihre Palette ist sehr viel umfangreicher. Aquarellfarbe läuft ebenso gut aus der Feder, da sie aus feinstem Pigment besteht.

Auf dunklen Papieren gehen die transparenten Farben unter. Wir nehmen dann deckende Plakatfarbe, besser noch Tempera und Gouache, sorgsam angerührt und verdünnt.

1.2.5 Papiere

Zum Kalligrafieren eignen sich alle matten oder leicht strukturierten Papiere, die nicht zu stark saugen. Glatte oder gar glänzende Oberflächen geben der Feder keinen Halt, wie auch allzu rauhe Prägungen das rhythmische Gleiten der Feder erschweren. Wir schreiben unsere ersten Übungen auf kariertem weißem Papier, beispielsweise in ein A4-Schulheft, ferner auf Briefpapier oder Layoutpapier, unter welches wir passende Linienblätter legen können. Zweckmäßig ist ein Layoutblock in A3-Größe. Untauglich sind Kopier- und Umweltschutzpapiere, da die Tinte hierauf ausläuft. Originalarbeiten führen wir auf wertvollerem Papier, wie dünnem Zeichenkarton oder Bütten aus. Von idealer Qualität und Farbskala ist das Ingrespapier. Mehr über Schreibmittel, Farben und Papiere im 4. Kapitel.

1.2.6 Hilfsmittel

Zum Arbeiten mit durchscheinenden Papieren bereiten wir uns verschiedene Linienblätter vor. Ansonsten präparieren wir unser Blatt mit zarten Bleistiftlinien, die wir entweder stehenlassen oder, nach gründlichem Durchtrocknen der Tinte, ganz vorsichtig mit weichem Gummi radieren. Es besteht aber immer das Risiko, zugleich die Kalligrafie zu verletzen. Nur Bleistift in den Härtegraden HB, B oder 2B läßt sich noch passabel entfernen. Unauffälliger ist ein feines Vorritzen mit der Nadel. Damit diese Führungslinien plastisch werden, brauchen wir Arbeitslicht flach von vorne. Ein

Lineal mit Millimetereinteilung und ein Dreieck gehören in jedem Fall dazu, günstiger noch eine richtige Reißschiene. Weiterhin Schere, Schneidemesser und Montagekleber (z. B. Fixogum). Kleine fehlerhafte Stellen radieren wir mit einem Schreibmaschinengummi oder Glasfaserstift. In besonders hartnäckigen Fällen schaben wir behutsam und geduldig mit einer scharfen Rasierklinge und glätten danach mit einem Falzbein oder dem Daumennagel.

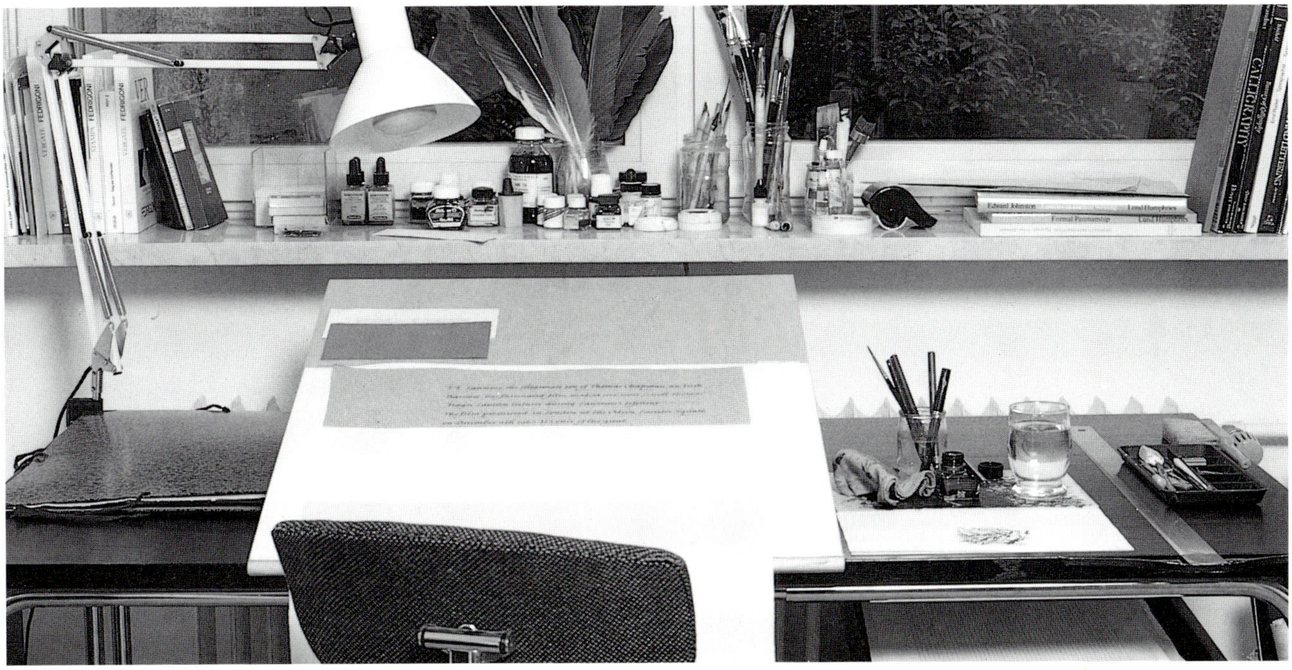

1.3 Arbeitsplatz

Das Reißbrett ist mit zwei Scharnieren in die Tischplatte eingehängt und kann nun durch Unterlegen von Büchern problemlos in jeder Schräglage fixiert werden. Ein Rundholz an der Unterkante verhindert häßliche Knickfalten bei größeren Formaten.

Der Arbeitsplatz selbst erfordert nicht unbedingt eine aufwendige Konstruktion. Angenehm ist jedoch immer eine schiefe Ebene und ringsumher viel Ordnung und Sauberkeit. Nichts ist ärgerlicher, als seine mühevolle Arbeit mit Tintenklecksen oder Fettflecken zu ruinieren.

Das Zeichen- oder Reißbrett soll auf jeden Fall breit genug sein, damit der ganze Unterarm aufliegen kann. Das Blatt wird entweder mit Haftstreifen befestigt oder unter zwei lange Gummibänder geschoben. Unerläßlich ist ein Schutzpapier, das den Kontakt der schreibenden Hand mit dem Original vermeidet sowie ein Schmierpapier, um die Feder nach dem Tanken auszuprobieren. Bei direktem Eintauchen streifen wir die Feder am Rand des Tintenfäßchens ab. Besser ist es natürlich, mit dem Pinsel nachzufüllen. Zum Reinigen halten wir ein Glas Wasser und einen Lappen bereit. Die Textvorlage liegt gut lesbar zur Seite. Auf ihr wird die zu schreibende Zeile durch ein Papier markiert, das wir entsprechend weiterrutschen.

Bevor Sie nun in den praktischen Teil blättern, hier noch eine kurze aber hilfreiche Empfehlung: Manche simplen Abläufe hören sich in der exakten Beschreibung vielleicht kompliziert an. Parallel zum Lesen sollten Sie darum Schritt für Schritt gleich nachschreiben. Die Hand lernt zuweilen schneller und nachhaltiger als der Kopf.

2 *Die Schreibschriften der Breitfeder*

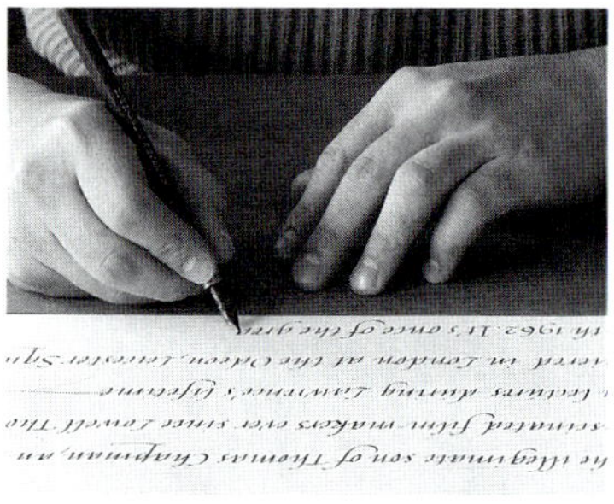

Für die ersten Übungen legen wir uns ein paar Bogen rein weißes sowie kariertes Papier zurecht. Wir benutzen, sofern nicht anders angegeben, ausschließlich die 2-mm-Breitfeder, allerdings immer mit Überfeder, damit der Schreibfluß nicht so schnell abbricht. Dazu schwarze Tinte. Nun vorsichtig eintauchen – besser noch mit dem Pinsel füllen – und kontrollieren, ob die Feder ausreichend Tinte oder etwa zuviel aufgenommen hat. Auf dem Schmierpapier testen wir kurz den Strich der Feder, bis er die richtige Schärfe zeigt.

Probieren Sie auf dem unlinierten, weißen Papier erst einmal ganz ohne Wollen das ungewohnte Werkzeug aus. Halten Sie den Federhalter wie einen Füller fest, aber unverkrampft in der Hand und führen Sie die Feder mit sanftem Druck übers Papier. Die schreibende Hand liegt leicht auf. Versuchen Sie lediglich gleichmäßige Bänder zu ziehen, die Feder dabei immer im gleichen Winkel zu halten. Achten Sie darauf, daß die Federkante nicht seitlich abhebt, das verursacht bröselige Ränder. Wenn Sie dann wellenartige Figuren beschreiben, Zickzacklinien, Spiralen oder ganz freie Schwünge, bildet sich automatisch der gewünschte Wechselzug.

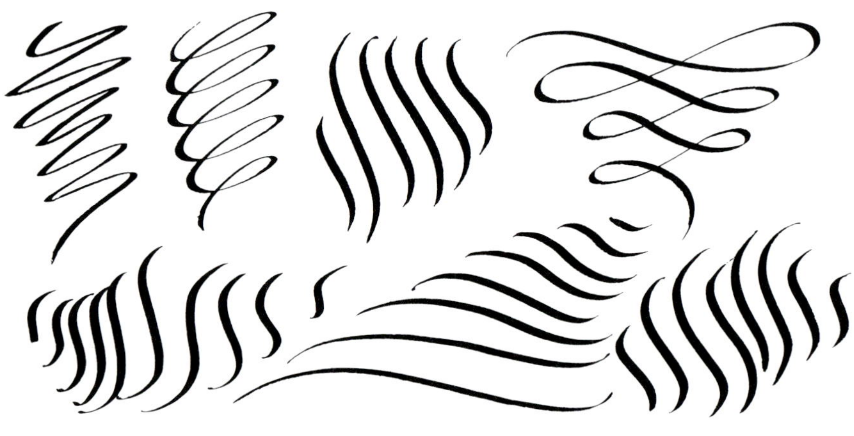

Diese erste Probe können wir fortan jeder Kalligrafiearbeit zum Aufwärmen voranschicken oder zum Auflockern einschieben.

2.1 Federhaltung und Strichführung

Wir greifen zum karierten Papier und gehen das ganze disziplinierter an. Was gibt die breite Feder in bestimmter, konstanter Haltung her? Die Federkante völlig parallel zur Grundlinie zu führen (1), ist sehr unbequem und in kaum einer Schrift üblich. Ideale Strichverhältnisse bringt ein Win-

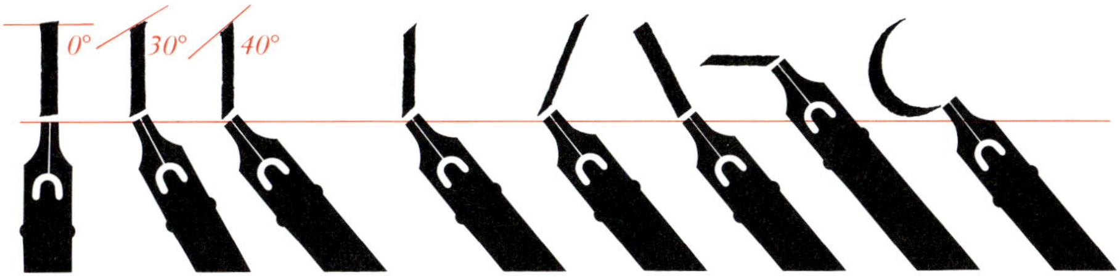

1) 2) 3)

kel von 25 bis 30° (2). Damit werden die meisten, normal breiten, senkrechten Schriften geschrieben. Für die schmallaufenden, schrägen Kursiven wird die Feder mit ca. 40° recht steil gehalten (3). Ziehen Sie nun in 40°-Haltung die Feder senkrecht, schräg und waagerecht, so zeigen sich differenzierte Strichstärken. Ein Halbkreis wird zur Sichelform.

Die nachstehende Übung enthält schon die Grundbausteine unseres ersten Kleinbuchstabenalphabets. Zunächst ziehen Sie einen senkrechten Abstrich und führen die Feder der Kante entlang, also in exakter 40°-Schräge, wieder hinauf, im stärksten Kontrast von der fettesten zur feinsten Linie (1). Achten Sie wieder darauf, daß die gesamte Federkante gut aufliegt. In Reihung ergibt dieses Grundelement ein Sägezahnmuster, das, sobald wir den Abstrich schräg schreiben, in die Kursivlage kippt. Beim zweiten Paar gerade/schräg (2) schieben Sie den Aufstrich dichter am

Allzu sture Übungen können den Spaß am Kalligrafieren verleiden. Dennoch: Schönschreiben heißt vor allem abschreiben, kopieren, Formen beobachten, im Geist zerlegen, behalten und wieder zusammenbauen. Die Übung soll helfen, das analytische Sehen zu lernen, nicht an den Lautwert zu denken, sondern die Form zu erfassen.

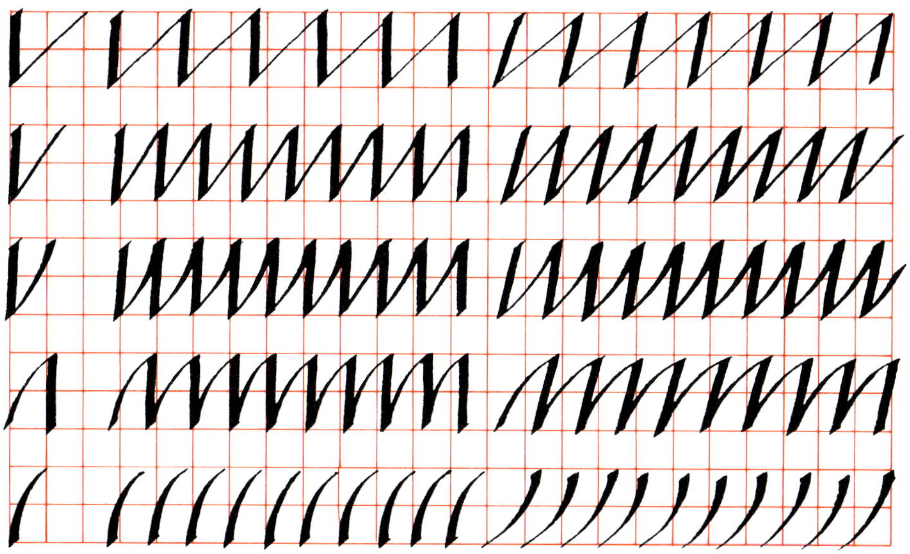

1)
2)
3)
4)
5)

Abstrich hoch. Der Aufstrich wird dadurch etwas kräftiger. Als drittes den Aufstrich in leichtem Bogen schieben, so daß er nach oben hin anschwillt (3). Nun mal mit einem bogenförmigen Aufstrich beginnen und dann den Abstrich ziehen (4). Als letztes jeweils bogenförmig gezogene Abstriche und geschobene Aufstriche. Wir begegnen dem organischen Prinzip von Form und Gegenform (5). Und immer an den 40°-Winkel denken.

Cancellaresca

2.2. *Die Humanistische Kursiv*

Die hier vorgestellte Humanistische Kursiv (15. Jahrhundert) folgt weitgehend der Cancellaresca der frühen italienischen Renaissance, deren Name schon auf den hauptsächlichen Gebrauch in Kanzleien hinweist. Ihre Originalform ist uns in den Vorlagenbüchern von Palatino und Arrighi überliefert (siehe Seite 12). Sie wurde zum Vorbild für alle weiteren lateinischen Schreibschriften. Die klaren und genial-einfach aufgebauten Minuskeln lassen sich mit einigem Fleiß recht schnell erlernen. In diesen dynamischen Schrifttypus kann eine persönliche Note am ehesten einfließen. Das Gegenteil werden wir später mit der Englischen Schreibschrift kennenlernen.

Was heißt nun eigentlich Kursiv oder Kurrent? Das lateinische currere (laufen) bezeichnet eine schnelle, vor allem aber bewegte Form. *Fortlaufend*, also meist mit untereinander verbundenen Buchstaben. Die Schräglage gehört nicht zwingend dazu, ergibt sich jedoch häufig aus dem Schreibfluß. (In der Norm der Druckschriften sind jedoch alle Kursiven schräg).

Um die Proportionen innerhalb des Alphabets abzustimmen, nehmen wir das gemeine n als Maß. Mit einer sogenannten Federtreppe (hier fünfmal die Federbreite) ermitteln wir die n-Höhe. Sie bestimmt die Mittellänge. Ober- und Unterlängen der Gemeinen ragen in einem bestimmten Maß aus diesem Zweiliniensystem heraus. Kleinbuchstaben messen wir also insgesamt an vier Linien, Versalien werden etwas kleiner gehalten als die Oberlängen.

Alle Vorlagen sind, sofern nicht anders angegeben, in Originalgröße abgebildet, die Größenverhältnisse von Groß- und Kleinbuchstaben immer eingehalten.

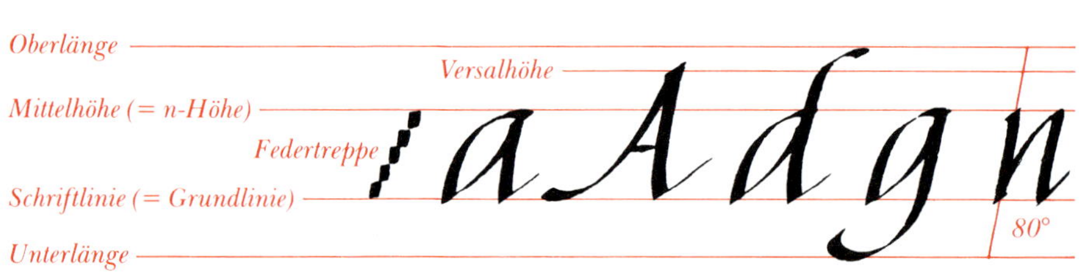

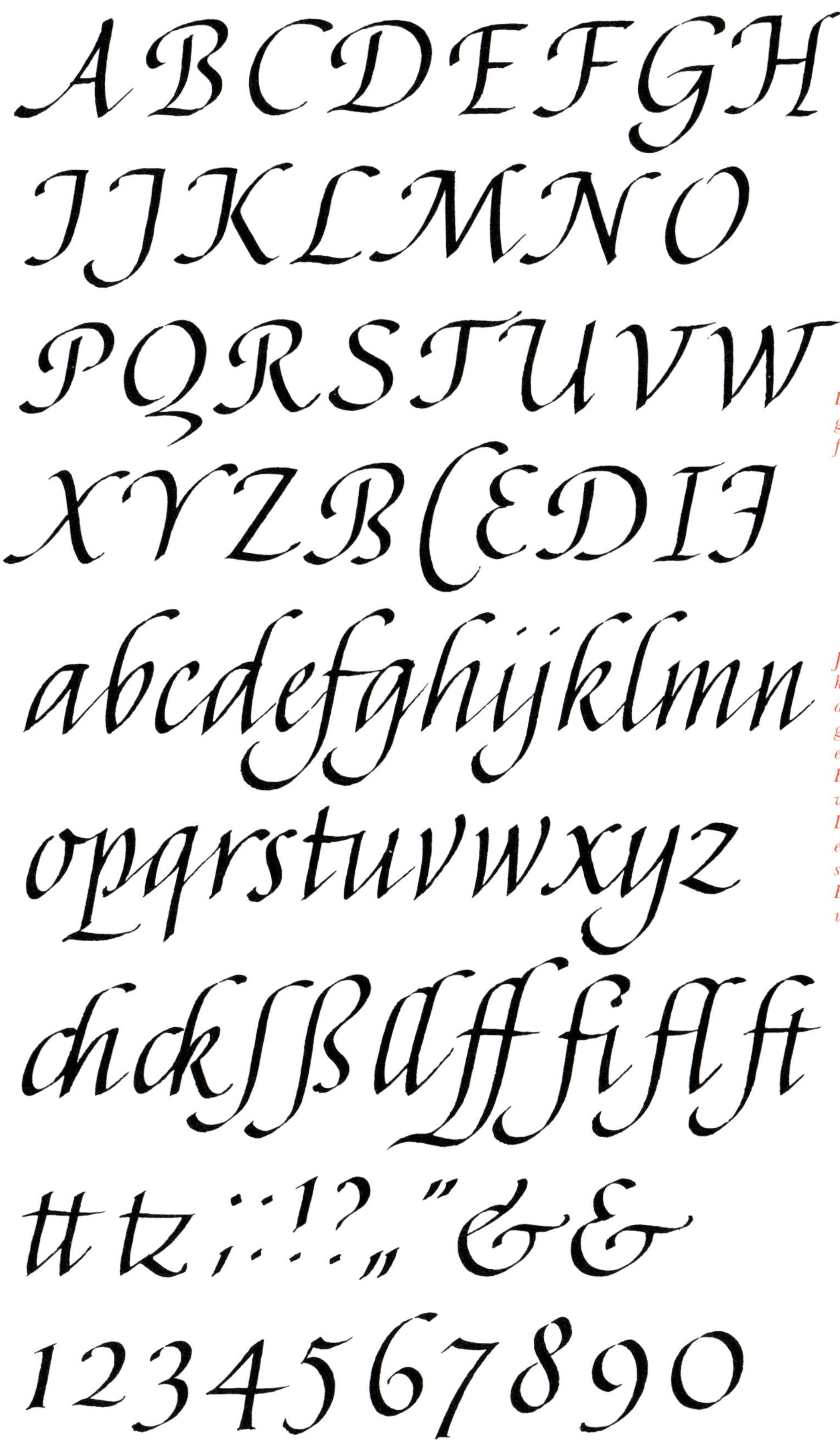

Die Versalien dieses Alphabets sind gegenüber dem Original ein wenig vereinfacht.

Je systematischer Sie die ersten Minuskeln erarbeiten, desto leichter fällt Ihnen der Umgang mit allen weiteren Vorlagen. Gute Schriften gliedern sich nach einem klaren Formenkanon, d. h. die Buchstaben fügen sich prinzipiell aus wenigen Grundelementen zusammen. Die Ähnlichkeit der Zeichen bürgt für ein harmonisches und geschlossenes Erscheinungsbild des gesamten Alphabets. Es gilt, die Schlüsselformen zu erkennen und einzuüben.

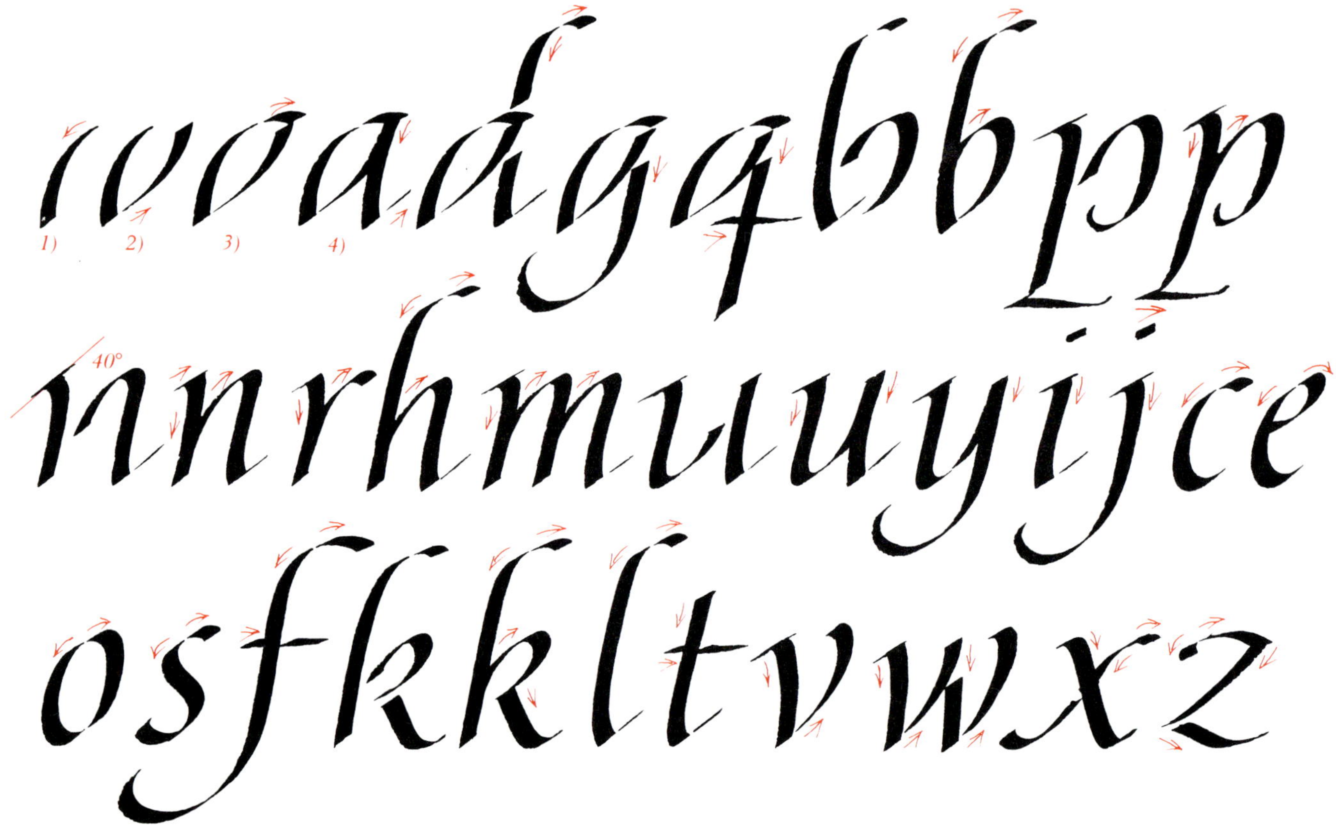

2.2.1 Das Schreiben einzelner Buchstaben

Der Deutlichkeit halber ist das Schreibschema mit der 3-mm-Feder größer angelegt. Üben Sie aber, nachdem Sie den Ablauf kennen, mit der 2-mm-Feder entsprechend dem Figurenverzeichnis von Seite 21.

Üben Sie anfangs noch auf kariertem Papier und präparieren Sie sich später Unterlegblätter, auf denen Sie ca. 80°-schräge Hilfslinien ziehen sowie eine 5-mm-Einteilung in der Waagerechten. Auf weißem Briefpapier läßt sich dann sehr angenehm schreiben. Es scheint ausreichend durch und die samtige Oberfläche gibt der Feder eine gute Führung.

Das a läßt sich in vier Teile zerlegen (n-Höhe 1 cm). Wir schreiben die vertraute Kombination der bogenförmigen Ab- und Aufstriche als Form und Gegenform (1/2) und ergänzen den vorsorglich etwas tiefer angesetzten Abstrich mit einem kleinen Bogensegment (3). An diese Linsenform fügen wir den leicht geneigten Abstrich. Kurz bevor wir die Schriftlinie treffen, kaum merklich nach rechts biegen, dabei die Feder etwas drücken, und im Nachlassen des Druckes auf der Federkante wieder schräg hochrutschen (4).

Hier, wie bei den folgenden Schreibschemata, habe ich an den Nahtstellen eine deutliche Lücke gelassen, welche im Schreibfluß natürlich zugezogen wird. Später werden wir uns von der zusammengesetzten Schreibweise lösen, doch vorläufig lassen sich die Schreibrichtungen so besser erfassen.

Vom a lassen sich leicht d, g und q ableiten. Die Oberlänge des d wird zu zwei Teilen geschrieben. Nach einer ganz knappen Krümmung straff den geraden Hals schreiben und zuletzt ein winziges Bogensegment ansetzen.

Genauso beim b, h, l und k. Die Unterlänge des g wird in einem Strich nach unten gezogen und im spannungsvollen Bogen nach vorne hochgeschoben. Genauso bei j und g. Das f vereinigt beide Kurven, erhält aber oben einen weiter ausschwingenden Bogen. Ober- und Unterlängen dürfen weder übertrieben werden noch verkümmert sein. Ein gesundes Verhältnis zur n-Höhe ist 3 : 2.

Die Linsenform des a wird bei b, p, c und vor allem beim o unterschiedlich ausgerundet. Wer sich beim o schwertut, kann es auch in zwei Phasen schreiben, ähnlich wie beim b. Ein weiterer Schlüsselbuchstabe ist das n. Hier, wie auch beim o, ist das Breitenverhältnis einer Schrift erkennbar. Vermittels der Federkante schreiben wir die feine Haarlinie an und fügen daran den Abstrich; hieraus den spitzen Bogen führen, in der Kehlung nicht zu rund werden. Das u gleichermaßen kopfüber. Bei allen Rundformen genau die Innenform beobachten und Knicke an den Übergängen vermeiden. Bei unserer 40°-Federhaltung sind Senkrechte und Waagerechte annähernd gleich. Für die Querstriche von q, p, f und t müssen wir darum die Feder sehr flach halten.

Lernen Sie gewissenhaft den Aufbau der Zeichen, aber versauern Sie nicht in klösterlichen Exerzitien, sondern wagen Sie sich gleich an Wortbilder. Nur hier erfahren Sie die Wirkung Ihrer Arbeit!

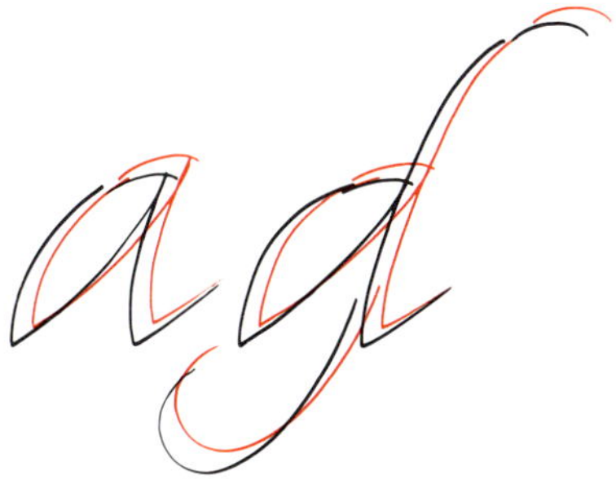

Mit zwei nebeneinandergebundenen Stiften läßt sich demonstrieren, wie die einzelnen Phasen ineinander übergehen und wie die Federkante im konstanten 40°-Winkel wandert.

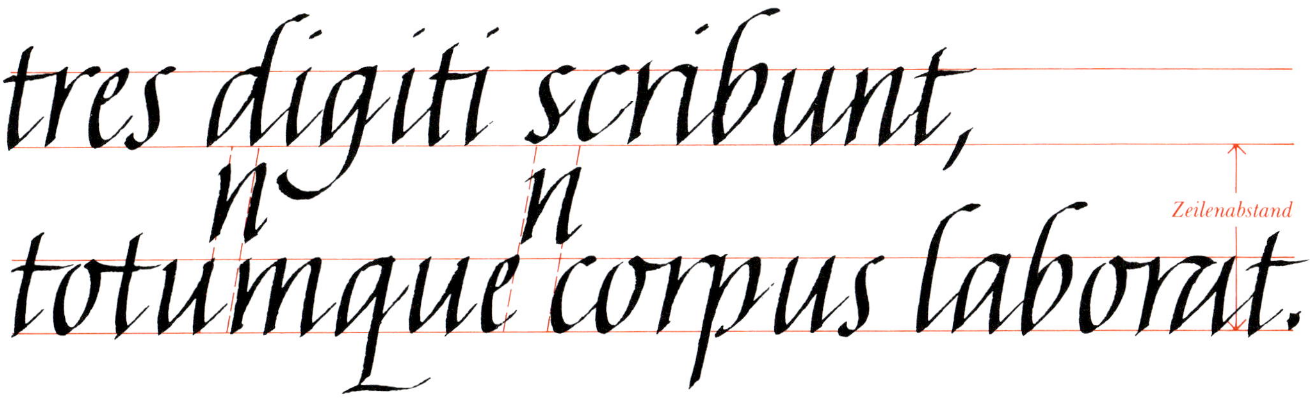

Der Zeilenabstand soll vorerst so bemessen sein, daß sich Ober- und Unterlänge nicht berühren können. Die gestalterische Wirkung des Zeilenabstands wird uns später beim Texteschreiben deutlicher.

2.2.2 Das Ausgleichen von Buchstaben- und Wortzwischenräumen.

Neben dem schönen Buchstabenkörper selbst haben die Zwischenräume einen wesentlichen Anteil an der Qualität der Schreibarbeit. Buchstabenzwischenraum und Wortzwischenraum müssen sorgfältig ausgeglichen werden, also optisch jeweils gleich sein. Durch einen schlechten Gesamteindruck wäre auch der ganze Adel der Einzelform dahin.

Arrighi, der große Schreibmeister der italienischen Renaissance, leitet seine Regeln über den Buchstaben- und Wortabstand vom gemeinen n ab. Der Innenraum zwischen den Beinen des n soll dabei dem optischen Abstand der Buchstaben untereinander entsprechen. Das heißt, der

Abstand zwischen zwei Senkrechten (i, m, n) wäre also exakt der Abstand der beiden n-Beine. Bei schrägen, offenen und runden Formen (o, e, r, s, x . . .) müssen wir *optisch* vermitteln, damit alle Zwischenräume annähernd die gleiche Helligkeit aufweisen. Der Innenraum des n läßt sich gut in den Schreibrhythmus aufnehmen und von Buchstabe zu Buchstabe intuitiv übertragen. Auf diese Weise gelangen wir zu einem wohlproportionierten Buchstabenzwischenraum.

Als Wortabstand empfiehlt Arrighi die gesamte Breite des n, also seine Außenform zu nehmen. Das ist etwas problematischer, denn *messen* läßt sich schließlich nur der Abstand zwischen zwei Senkrechten. Wir müssen uns also von diesen abstrakten Werten etwas lösen und ein natürliches Zwischen-Raumgefühl entwickeln. Ausgleichen heißt, die räumliche Ausdehnung der unterschiedlichen Figuren abschätzen. Auch die Wortabstände sollen untereinander *optisch* gleich sein. So weit wie nötig, daß sich die Worte sauber trennen und so eng wie möglich, daß unser Zeilenband harmonisch und geschlossen bleibt. Gegenüber dem lockeren Buchstabenausgleich wird der Wortabstand darum relativ eng gehalten. Zumal, wenn wir verbunden schreiben, denn dadurch verdichten sich die Wortbilder noch mehr. Zum Glück sind Kleinbuchstaben naturgemäß viel gefügiger im Ausgleichen als Großbuchstaben, und die kommen in den Schreibschriften kaum hintereinander vor.

Solche Regeln sollen Sie nicht dazu animieren, mit den Mitteln der Geometrie die ideale Proportion zu *errechnen*. Sie dienen lediglich als Orientierungswert, um das Augenmaß zu schulen. Wichtiger als messen ist schreiben. Viel, sehr viel schreiben bringt die notwendige Sicherheit und Gleichmäßigkeit. Ein Anfänger schreibt häufig die Buchstaben einfach zu eng und nimmt der Schrift die Bewegung. Neben dem Einstudieren der Einzelform müssen wir also lernen, eine Schreibschrift sprichwörtlich »laufen« zu lassen. Eine weitere kleine Übung beschäftigt sich mit dieser fließenden Kraft. Ganz einfach mal nur das Skelett der Humanistischen Kursiv und dann möglichst klein, so wie es gerade angenehm ist, in Handschriftmanier herunterschreiben.

Um in den Schreibrhythmus zu finden, ist es ganz hilfreich, ein m als Füllsel einzuschieben. Wir konzentrieren uns dann besser auf ein gleichmäßiges Auf und Ab. Auch diese Systematik der Buchstabenverkettung findet sich in den Schreibmeisterbüchern wieder.

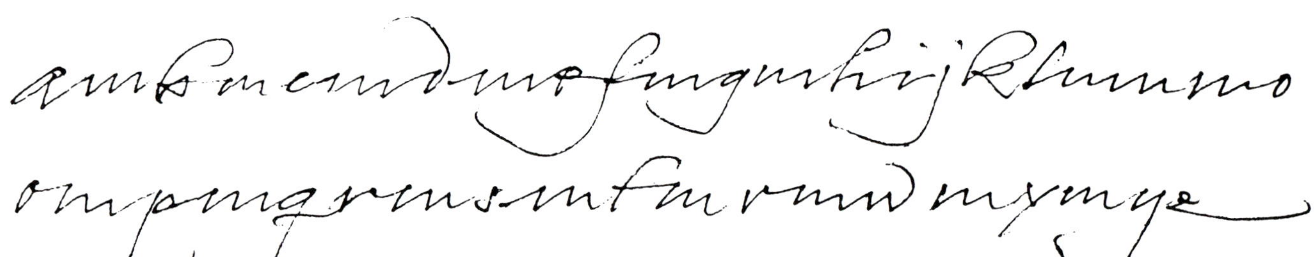

2.2.3 Versalien, Ziffern, Ligaturen

Die zusammengesetzte Form, die Vielfalt der Strichführung, mag auf den ersten Blick kompliziert erscheinen. Es ist aber viel angenehmer, zwischen-

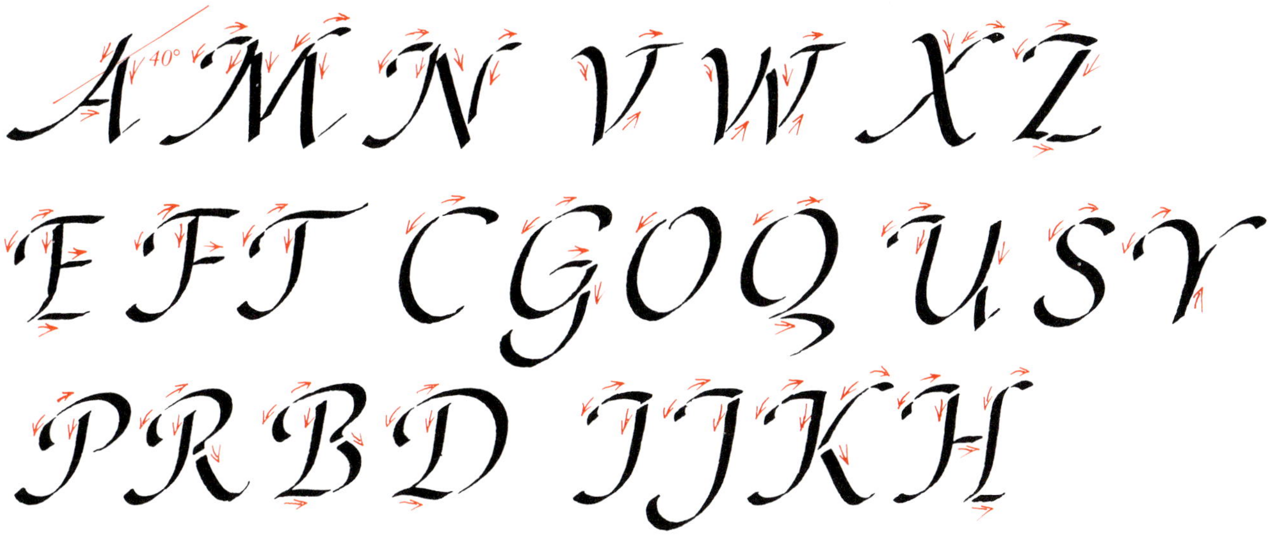

drin einmal abzusetzen, zu »verschnaufen« und neu auszuholen. Schreiben Sie langsam und aufmerksam! Die Schreibschrift kann erst dann schnell ausgeführt werden, wenn sie beherrscht wird. Und dann muß jeder seinen eigenen Rhythmus finden. Schwierig sind immer die Figuren, die völlig oder fast in einem Zug geschrieben werden (O, o, S, s, b).

Da Versalien im Aufbau offener sind, müssen sie im Duktus, d. h. in ihrer typischen Linienführung, kräftiger gehalten werden. Darum schreiben wir sie in einer 30°-Federhaltung. Wir haben zudem viele waagerechte Verbindungen, die so gut wie immer flach geschrieben werden müssen.

Unsere Großbuchstaben haben sich alle aus der römischen Capitalis entwickelt und andere Proportionen als Kleinbuchstaben. Mit der 30°-Federhaltung entsprechen wir dem klassischen Ideal.

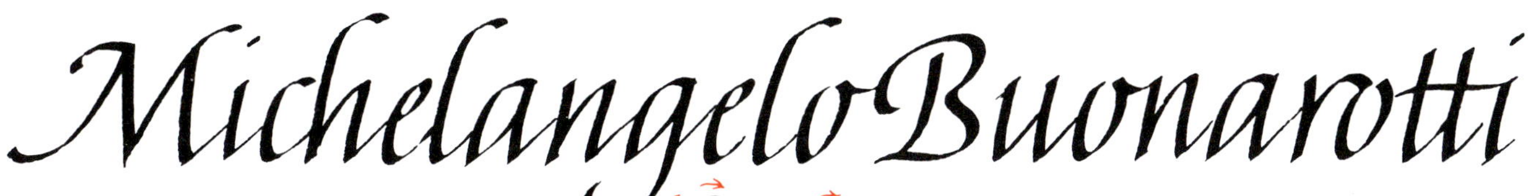

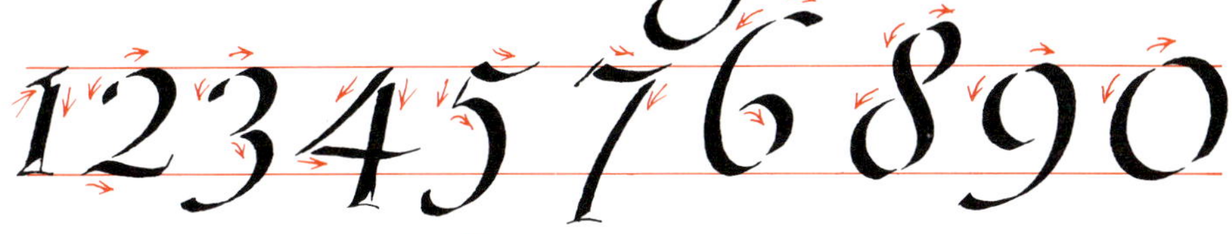

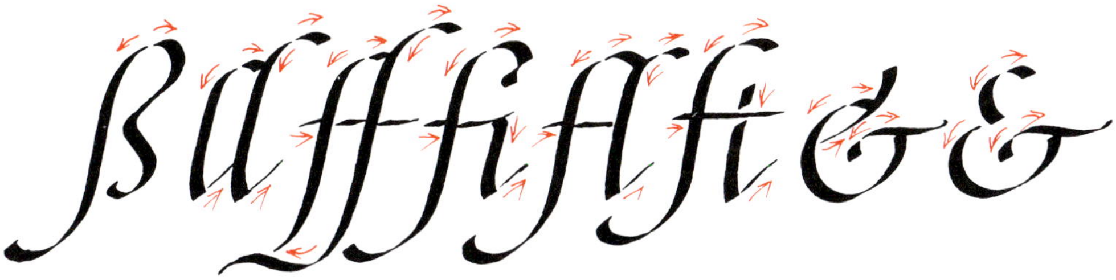

Ligaturen entstehen nicht einfach durch Aneinanderschreiben von Buchstaben, sondern diese verschmelzen zu Sonderformen. Sie sind selbständige Zeichen und in der Anwendung sehr reizvoll.

Ziffern mit Ober- und Unterlängen fügen sich besonders gut ins Textbild. Sie heißen Mediävalziffern, obwohl sie in dieser Gestalt nicht dem Mittelalter, sondern der Renaissance entstammen. Die 1, 4 und 7 haben schon feine Serifen. Wie man sie schreibt, steht im nächsten Kapitel.

Wenn Sie Ihren ersten kleinen Text schreiben (hier mit der 2-mm-Feder), tritt die Einzelform hinter dem Gesamteindruck zurück. Die Bedeutung der Zwischenräume wird Ihnen immer klarer bewußt werden. Eine Zeile verschmilzt zum »Grauwert« und je weiter wir die Zeilen auseinanderrücken, desto auffälliger wird diese Bandwirkung.

Bei einem Zeilenabstand von 3facher n-Höhe können alle Ober- und Unterlängen frei ausschwingen. Die sauber eingehaltene Kursivlage formt ein harmonisches Textbild.

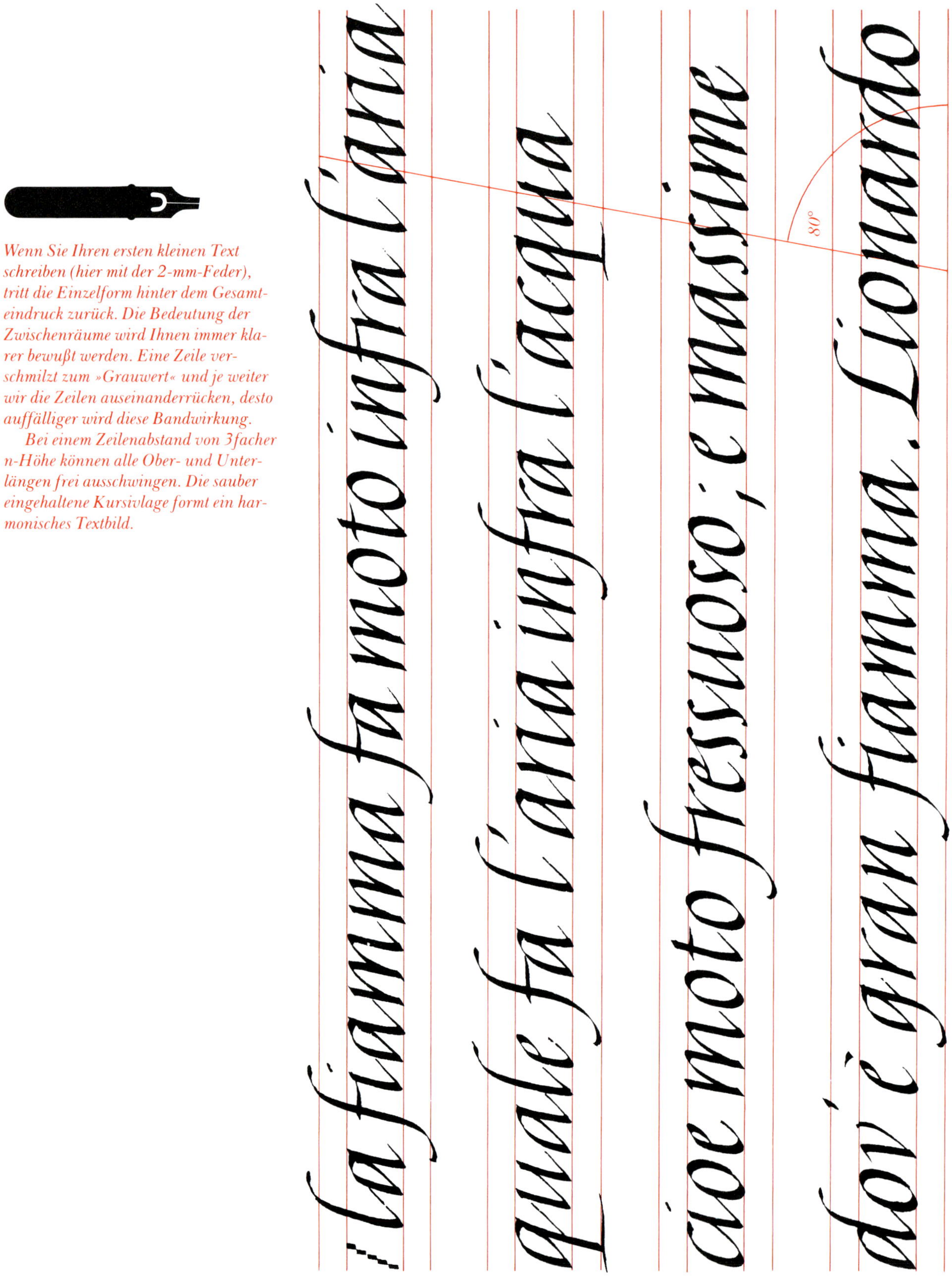

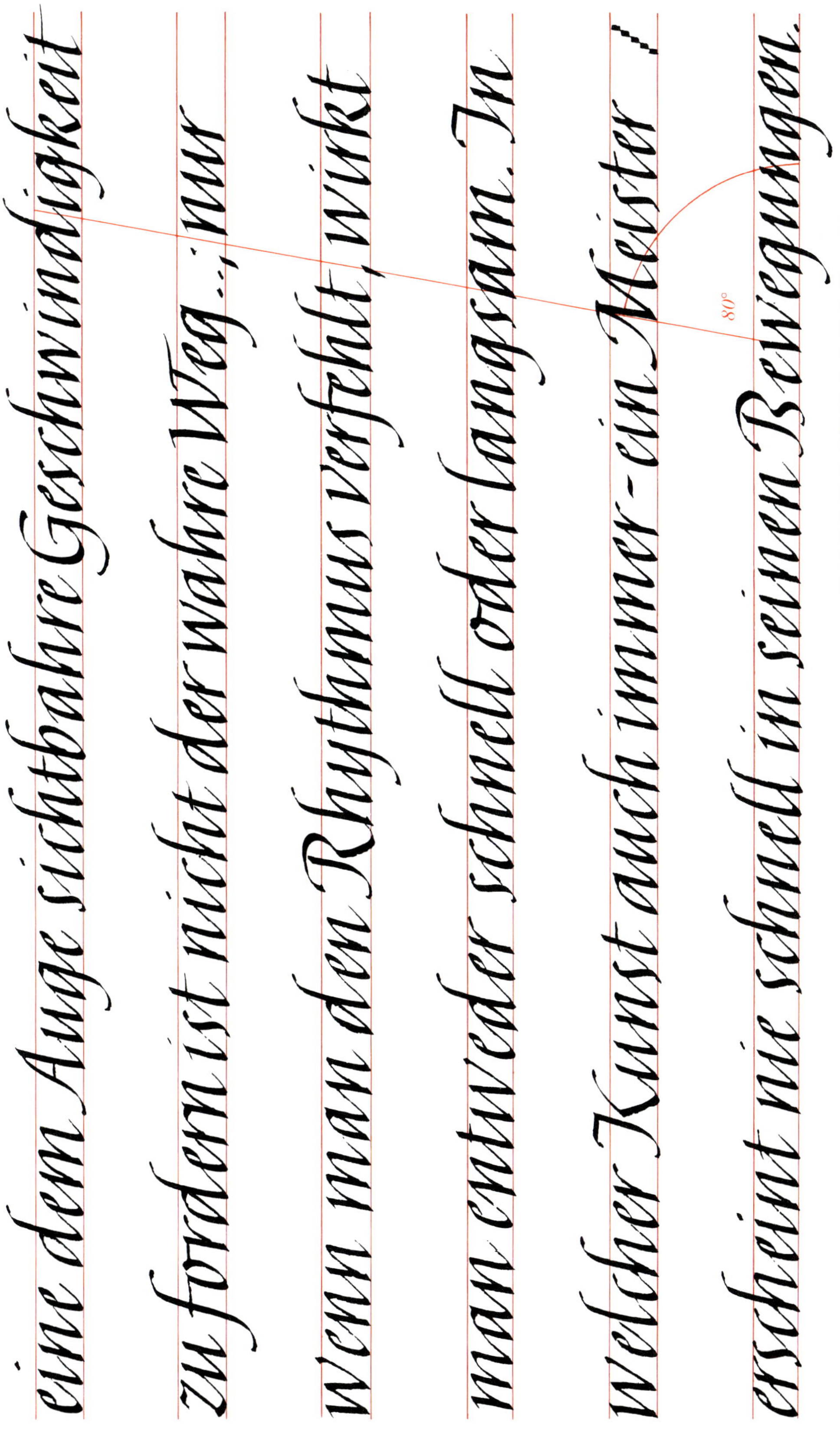

Das Selbststudium hat den Nachteil, daß Sie dem Lehrer nicht über die Schulter schauen können. Sie fragen sich vielleicht, wie schnell überhaupt geschrieben werden soll. Als Zeitrahmen für beide Textbeispiele gebe ich einmal jeweils 45 bis 60 Minuten an. In kleinerer Schriftgröße wird die Form zwangsläufig flüchtiger und deswegen schneller. Doch lassen Sie sich nur nicht hetzen, wenn Sie glauben, Sie seien zu langsam. Probieren Sie ruhig mehrere Tempi aus, und stellen Sie fest, wie die Schrift sich dabei verhält.

Antiqua

2.3 Die kursive Antiqua

Wenn auch die Grundzüge der lateinischen Schriften immer gleich geblieben sind, so entwickelte sich doch im Laufe der Jahrhunderte in ganz Europa eine Fülle neuer Schreibweisen mit regionalen Besonderheiten. Die jüngere Form der humanistischen Kursiv (seit dem 16. Jahrhundert) wird allgemein runder und etwas breiter geschrieben.

Im vorgestellten Alphabet sind die ursprünglich römischen Kursiv-Majuskeln aufs feinste mit den humanistischen Kursiv-Minuskeln abgestimmt. Diese ausgereifte Form – wie sie dann auch in die Druckschriften einging – bezeichnen wir darum zutreffender mit dem Namen kursive Antiqua. Sie ist zwar keine schnelle, reguläre Schreibschrift, um aber in der Kalligrafie zu ehrlichen Ergebnissen zu kommen, ist eine Beschäftigung mit den Antiquaproportionen unerläßlich.

In diesem Zusammenhang ist der Veredelungsprozeß in Richtung Buch- bzw. Druckschrift sehr gut zu beobachten. Die Breitfederform ist immer weiter reduziert auf das Wesentliche, immer weniger verspielt. Schreibmängel werden dort natürlich offenkundiger, wo sie sich nicht hinter dem Ornament verstecken können. Darum ist die Antiqua – ob gerade

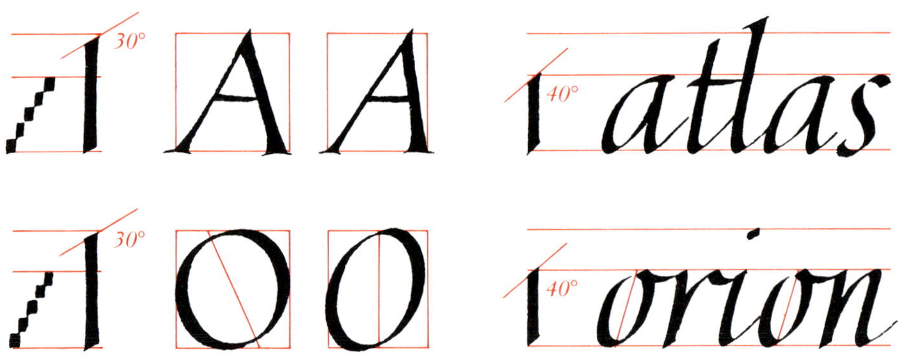

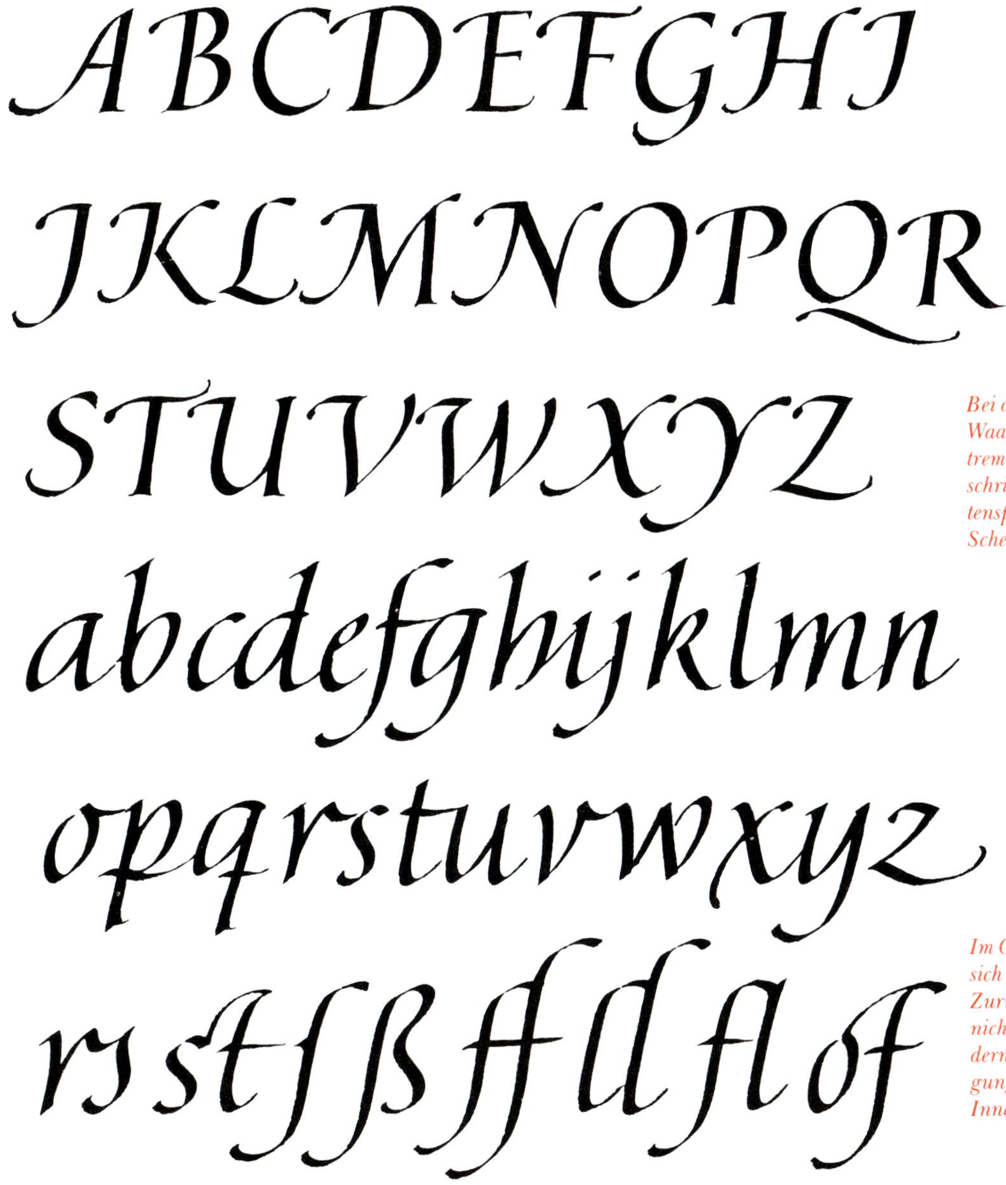

Bei den Majuskeln werden die dünnen Waagrechten und Senkrechten in extrem flacher bzw. steiler Haltung geschrieben. Tropfenenden mit der Kantenspitze schreiben. Im übrigen gilt das Schema von Seite 31 unten.

Im Gegensatz zur Cancellaresca zeigen sich diese Kursivminuskeln in nobler Zurückhaltung. Die Oberlängen laufen nicht hoch und schwungvoll aus, sondern erhalten feine Serifen. Die Bewegung, das Fließende steckt mehr in der Innenform!

oder kursiv – von allen Schriften am schwersten zu erobern. Sie ist in den Händen des Anfängers vielleicht ein sprödes Geschöpf, aber ihre von keiner anderen Schrift erreichte Vielseitigkeit wird jeden fleißigen Kalligrafen letztenendes faszinieren.

2.3.1 Struktur der kursiven Antiqua

Die Proportionen der *geraden* Antiquaversalien erschließen sich über das Quadrat. Ihre *Kursivform*, die uns hier interessiert, ist schmaler; ihr entspricht ein rechteckiges Maßverhältnis. Der eigentliche Schlüssel für die generelle Buchstabenbreite ist das O. Seine Achse ist in der *geraden Form* immer links geneigt, in der schmalen *Kursiven* mindestens senkrecht oder leicht nach rechts geneigt. Auch hier wieder die unterschiedlichen Federhaltungen beachten.

Strichführung und Federhaltung bleiben die gleichen wie bei der Cancellaresca (n-Höhe wieder 1 cm). Nur wird aus der zusammengesetzten Linse ein mehr oder weniger flaches Oval, das wir möglichst in einem Zug schreiben. Die geraden Abstriche werden nicht mehr hart und zackig von der Grundlinie aus hochgezogen, sondern im elastischen Bogen vermittelt.

Sie sind ja nun schon fähig, Vorlagen eigenständig nachzuschreiben und anhand eines Schemas Reihenfolge und Schlüsselformen zu lesen. Bei

Unser Schreibschema wird weiter verkürzt. Einzelne Striche sind, wenn notwendig, nacheinander aufgeführt.

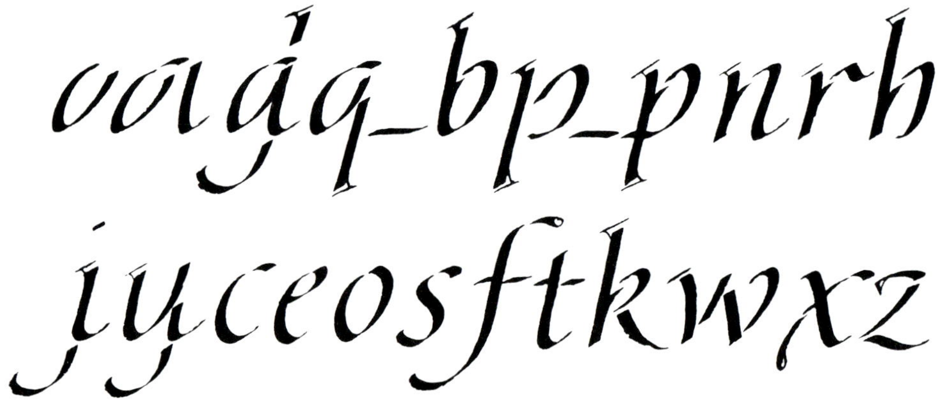

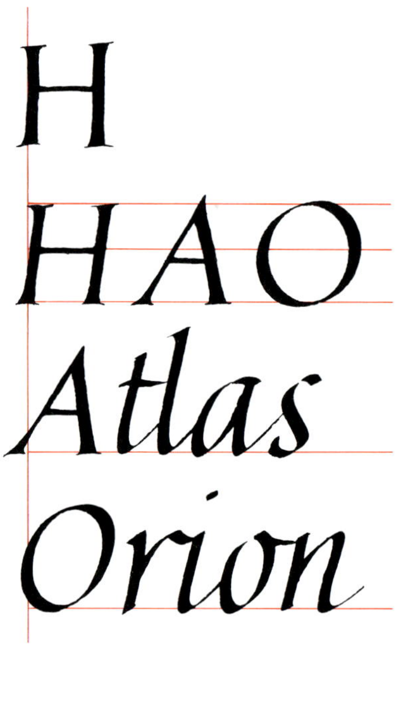

manchen Details werden Sie das Verkanten der Feder bemerken, wie etwa beim x oder z oder beim oberen Bogen des f, dessen Tropfenende mit der Kantenspitze konturiert und ausgefüllt wird. Etwas aufwendiger sind die Serifen. Das große Schema gibt Ihnen Aufschluß.

Unsere optische Wahrnehmung entspricht nicht immer den geometrischen Tatsachen. Der Querstrich des H muß beispielsweise etwas oberhalb der geometrischen Mitte liegen, damit er uns mittig erscheint. Die optische Mitte liegt also über der geometrischen Mitte. Rundungen und Spitzen erhalten ein wenig »Überhang«, damit sie optisch gleich groß wirken. Den selben Effekt müssen wir beim Ausgleich von Zwischenräumen und Rändern berücksichtigen. Also nie von einem Ende der Buchstaben aus messen, sondern ihr optisches Gewicht abschätzen.

2.3.2 Das klassische Großbuchstabenalphabet

Bislang haben wir Versalien nur zur Kennzeichnung bestimmter Wortanfänge benutzt. Sie heben sich aus dem dichten Umfeld der Gemeinen allein durch ihre offene Gestalt heraus und werden mit ausladenden Schwüngen natürlich noch auffälliger. Als selbständiges Alphabet sind sie jedoch nur in der ganz schmucklosen, klassischen Form anwendbar.

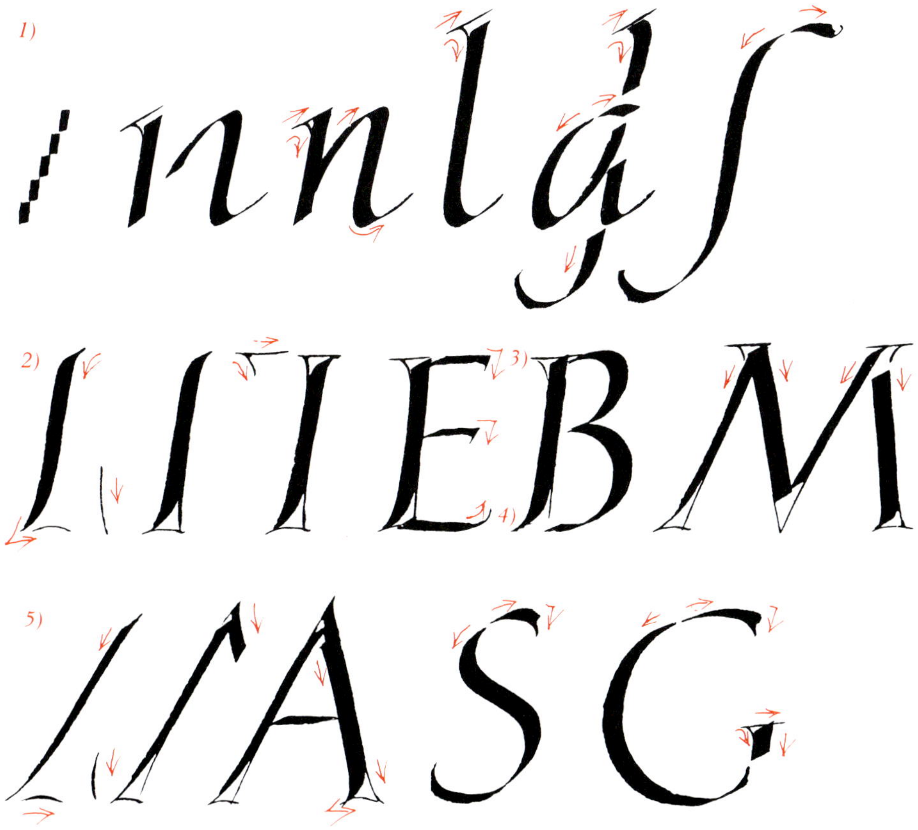

1) Aus der schrägen Spur der Federkante mit der linken Kantenspitze in den Abstrich überführen. Lücken ausfüllen. Bei den Unterlängen von g, f, j und y die linke Kantenspitze beim Schieben des Bogens anheben.
2) Abstrich ganz leicht nach links verziehen und dabei auf die rechte Spitze stellen. Mit der rechten Spitze eine knappe Serife nach rechts ziehen. Mit der linken Spitze vom Abstrich aus vermitteln. Mit der gesamten Kante die obere Serife waagrecht ziehen. Mit der linken Kantenspitze in den Abstrich vermitteln, Lücken ausfüllen.
3) Bei fallenden Serifen in den Waagrechten (E, C, F, G) mit der rechten Kantenspitze knapp aber entschlossen einen Faden herausziehen.
4) Bei aufsteigenden Serifen (L, T, Z) auf der linken Spitze hochfahren.
5) Beim schrägen Abstrich wie bei einem geraden vorgehen. Mit der gesamten Federkante die Buchstabenspitze hochziehen und in dieser steilen Haltung ein Stück herunterschreiben. Neu ansetzen und in voller Breite den fetten Abstrich führen. Rest wie bei 2.

Eine Kleinbuchstabenschrift wird, bedingt durch ihren prägnanten Wortumriß, silbenweise in zusammenhängenden Teilen erfaßt. Die Großbuchstabenschrift ist ein viel schwerer zu lesendes Band, dem eben die tanzenden Ober- und Unterlängen fehlen. Sie muß regelrecht buchstabiert werden. Jede Art von Ornament behindert diesen Vorgang.

Das Ausgleichen von Großbuchstaben verlangt besondere Sorgfalt. Das Beispiel auf Seite 33 zeigt, daß die Buchstaben gesperrt, d. h. recht weit

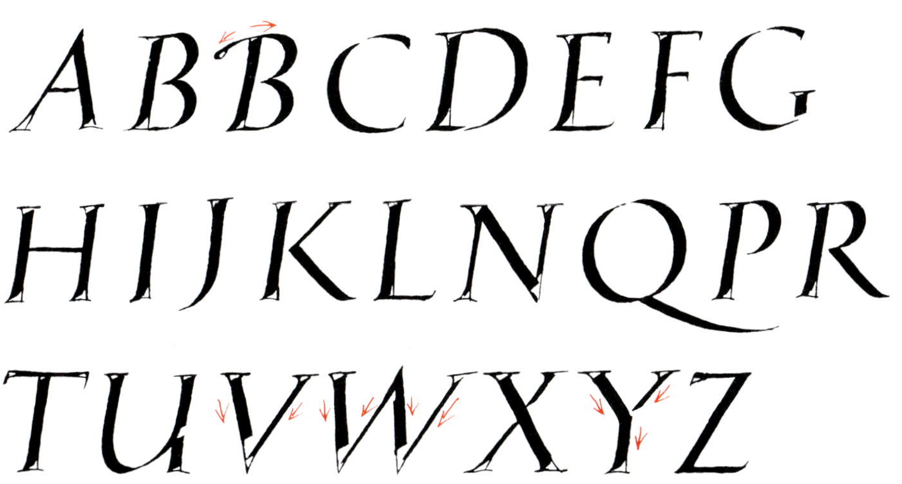

Die Lücken müssen, wie im großen Schema oben, ausgefüllt werden. Beachten Sie die proportionalen Unterschiede zum Basisalphabet von Seite 29. Die kurzen Schwünge dieser bewegteren Form (Siehe B) einfach anbauen.

gesetzt werden müssen. Dadurch können wir für alle möglichen Buchstabenkombinationen einen optisch gleichen Zwischenraum ausmitteln. Für Wortzwischenräume schreiben wir einfach im Geiste ein I mit.

Mit der Antiqua stehen Ihnen also immer gleich zwei Alphabete zur Verfügung, die Sie in vielfältiger Weise arrangieren können (siehe auch Beispiel Seite 72).

Schmuckversalien werden nicht wie normale Versalien etwas »geduckt«, sondern eher dekorativ überhöht.

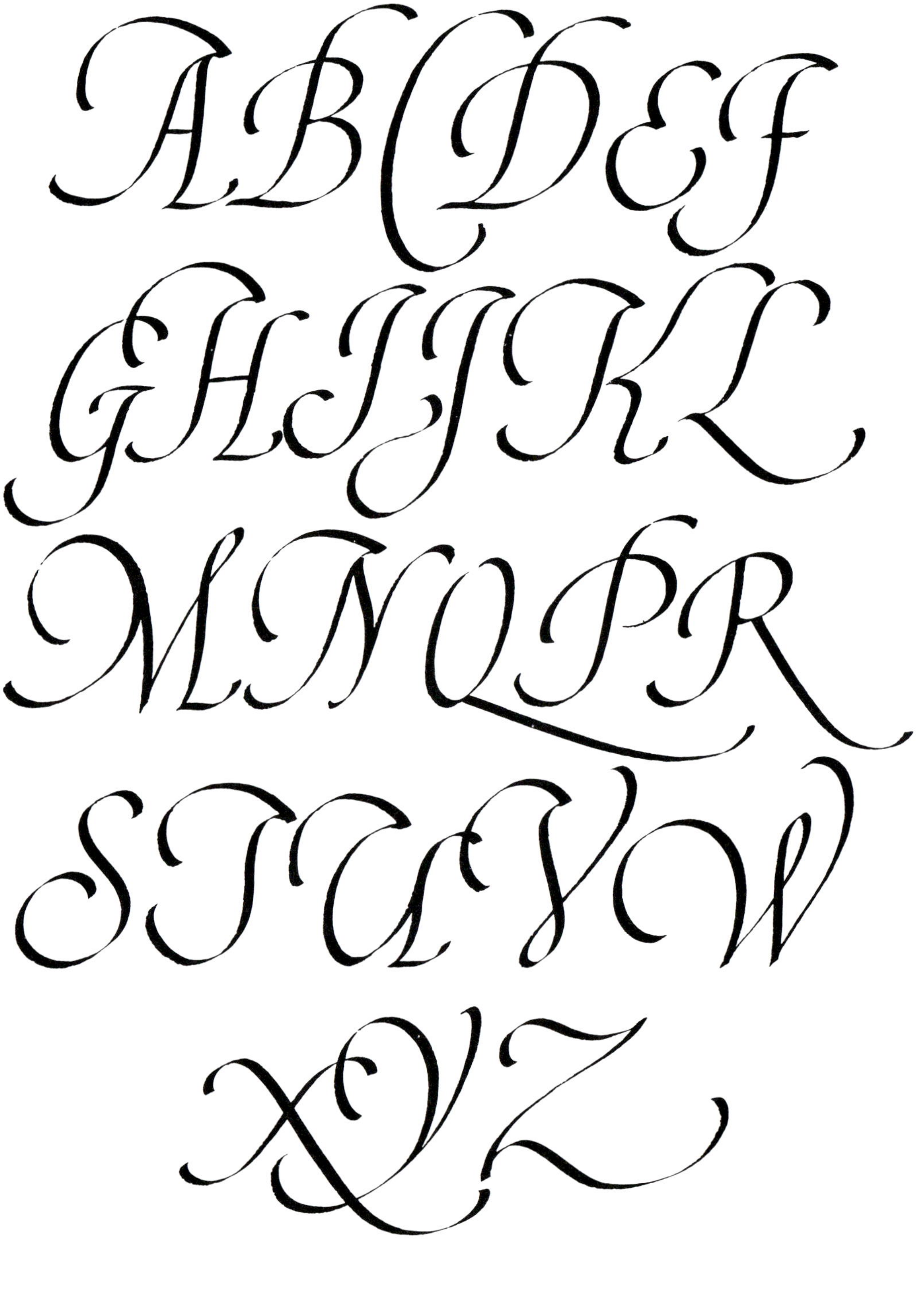

David Copperfield

LADY I MACBETH

2.4 Schmuckversalien und Schwünge

Wir vervollständigen unser Sortiment der Breitfederkursiven mit einem Alphabet Schmuckversalien. Als malerische Akzente sollten sie allerdings sparsam verwendet werden, beispielsweise als Initialen. Es wäre ungeschickt, sein Schriftblatt damit zu überladen. Je länger der Text, desto sorgsamer sollten Sie um dessen Lesbarkeit bemüht sein.

Einzelne Worte oder Wortgefüge können zu Schriftzügen durchgestaltet werden. Oft bieten sich Ober- und Unterlängen an oder raffinierte Ligaturen. Auch hier ist Zurückhaltung die größte Tugend. Mitunter erreicht ein gefühlvoll geschriebenes Wortbild genug eigenständigen Ausdruck. Vergleichen Sie die drei Charaktere: Die bewegte, gemischte Antiqua Kursiv, die feierlichen Versalien und den schwungvoll gestalteten Schriftzug.

Einige Buchstaben können wir in einem spannungsvollen Schwung auslaufen lassen. Ein Zeilenende kann dadurch betont oder auf Block gebracht werden.

a
e
r
t
z
k

Raffaelo

2.5 Die Komposition

Das Ganze ist mehr als die Summe seiner Teile. Einzelformen, Akzente, Zwischenräume, Ränder und Format des Blattes, das alles verschmilzt zu einem Gesamteindruck, der das Nacheinander der Schreibarbeit verdrängt.

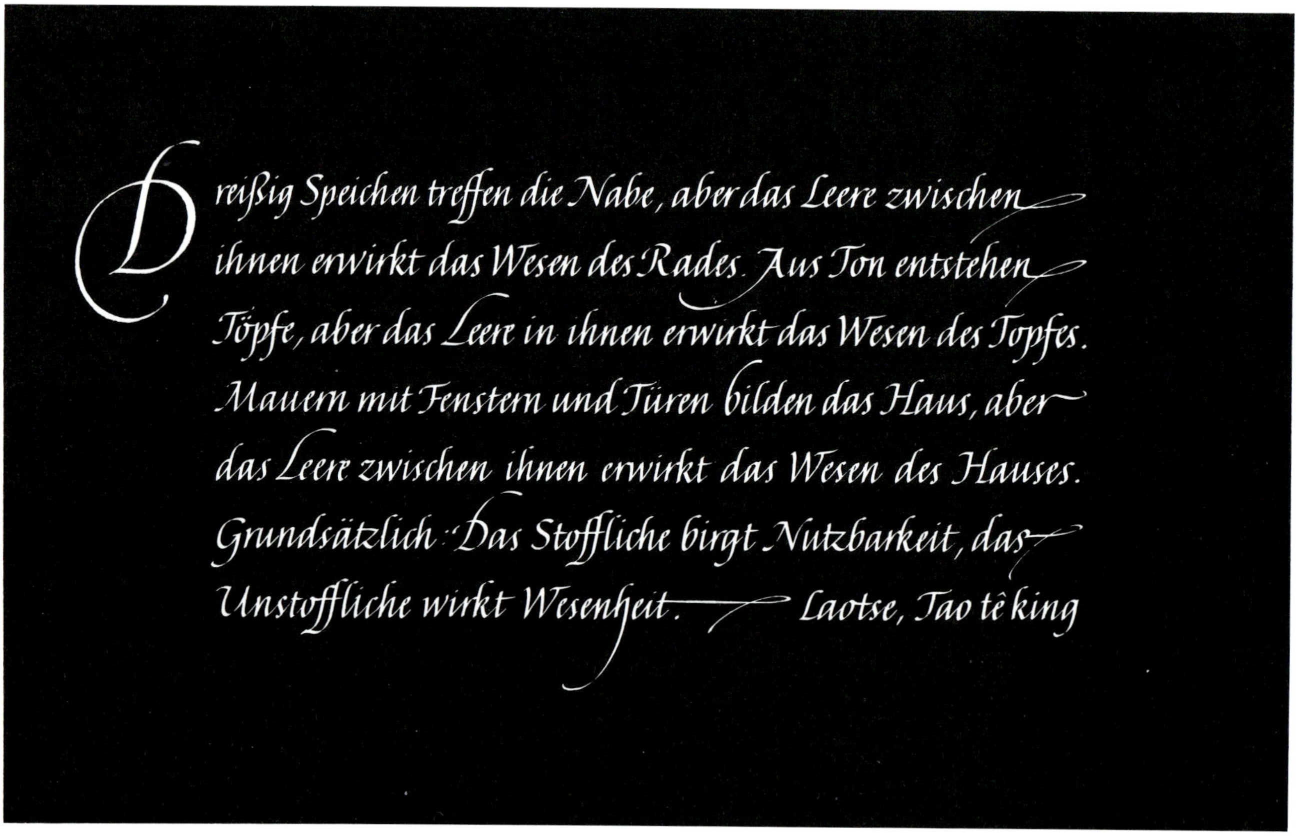

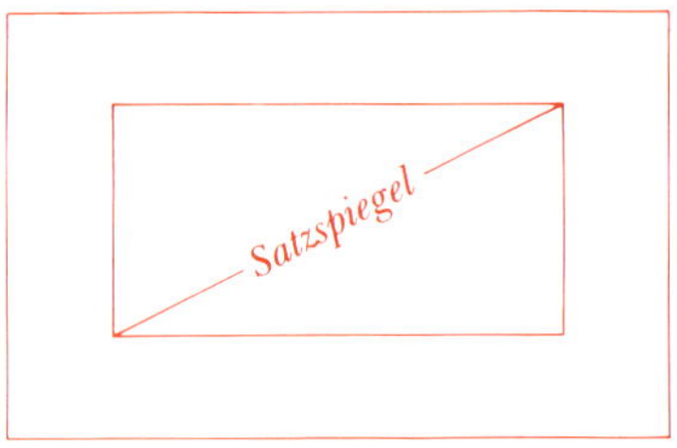

In seinem Buch »Typografie« zitiert Emil Ruder den 11. Spruch des Lao-Tse, der sehr treffend die Bedeutung der Zwischenräume beschreibt.

Die Initiale liegt außerhalb des Satzspiegels, ist aber unverkennbar einer Achse zugewiesen. In die weiten Zeilenzwischenräume schwingen rhythmisch verteilt Ober- und Unterlängen (auf 40 % verkleinert).

Wenn wir auch Schrift *schreiben* und nicht *setzen*, bediene ich mich hier trotzdem der typografischen Fachsprache, um den Aufbau der beiden Beispiele zu erklären. Im ersten Beispiel ist die beschriebene Fläche, d. h. der *Satzspiegel*, durch einen großzügigen Blattrand harmonisch ins Format eingebettet. Die Randbreiten sind rechts und links *metrisch* gleich, oben aber knapper als unten, der Satzspiegel also in die *optische* Mitte gerückt. Beide Schreibbänder sind – vermittels der ausfüllenden Schwünge – bündig und bilden so den *Blocksatz*. Das zweite Beispiel zeigt die für Schreibschriften natürlichste Satzart, den *linksbündigen Flattersatz*. Kapitelüberschrift und Dichter sind auf *Mittelachse* geschrieben.

Solche Blätter können nicht unvorbereitet entstehen. Zuerst müssen wir – eventuell anhand einer Skizze – vorschreiben, dann die Zeilen zerschneiden und in die gewünschte Komposition bringen. Nun gemäß dieser Vorlage das Originalblatt ausführen.

Caput 7

Ich ging nach Haus und schlief, als ob
Die Englein gewiegt mich hätten.
Man schläft in deutschen Betten so weich,
Denn das sind Federbetten.

Wie sehnt ich mich oft nach der Süßigkeit
Des vaterländischen Pfühles,
Wenn ich auf harten Matratzen lag
In der schlaflosen Nacht des Exiles.

Man schläft sehr gut und träumt auch gut
In unsern Federbetten.
Hier fühlt die deutsche Seele sich frei
Von allen Erdenketten.

Sie fühlt sich frei und schwingt sich empor
Zu den höchsten Himmelsräumen.
O deutsche Seele, wie stolz ist dein Flug
In deinen nächtlichen Träumen!

Heine

Dieses Blatt läßt in seiner Schlichtheit ganz allein den Dichter zu Wort kommen. Lediglich die Verse beginnen, wie üblich, mit einem Großbuchstaben (daher der Name Versalien).

Die Lyrik ist schon immer ein beliebtes Opfer mißverstandener Kalligrafie. Dabei verträgt die verdichtete Sprache am wenigsten die Subjektivität des Schreibers (auf 40 % verkleinert).

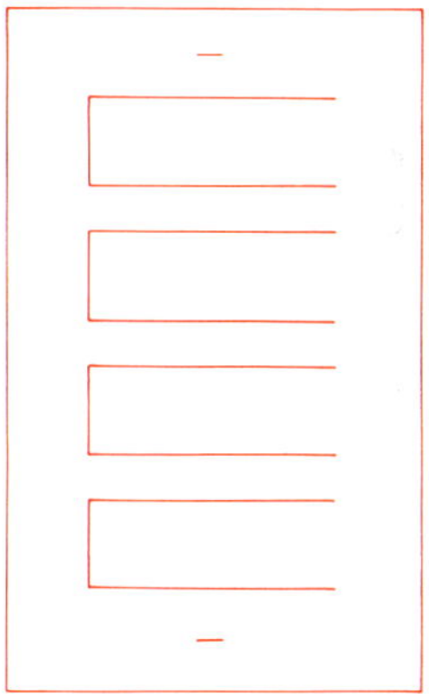

Seit der Karolingischen Minuskel kennen wir die beiden Zweige der lateinischen und gotischen Schriften. Die lateinischen (runden) haben im Laufe der letzten 100 Jahre die gotischen (gebrochenen) völlig verdrängt.

In Deutschland, als deren letzte Bastion, wurde die Zweischriftigkeit 1941 offiziell und zugunsten der Antiqua aufgehoben. Trotzdem fällt auf die gotischen Schriften, ob Textur, Fraktur bis zu den Schnurzügen der Sütterlin, der düstere Schatten des Dritten Reiches. Eine solche Tatsachenverdrehung tut diesen Schriften zwar unrecht, im Resultat verschwinden sie aber zusehends aus unserem Gesichtskreis und werden demnach immer geheimnisvoller.

Genau wie die lateinischen Schriften ihre schnellen Kursivverwandten hatten, so hatte auch die deutsche »Canzley« – im Prinzip eine modifizierte Fraktur – eine flüssige Kurrent zur Seite. Wir wollen uns eine Kanzleikurrent ansehen, wie sie im Barock geschrieben wurde. Einige Zeichen mögen Ihnen rätselhaft vorkommen, doch für eine Generation, die wie ich ausschließlich mit lateinischen Buchstaben aufgewachsen ist, sind die jüngeren Spitzfederkurrentformen des 19. und 20. Jahrhunderts keineswegs zugänglicher. Jene *Deutsche Schreibschrift* war der Zeit gemäß akkurat, penibel und amtlich. In den Schulen herrschte eine strenge Zucht. Die »Schönschrift« wurde leider nur zu oft mit preußischem Drill erzwungen.

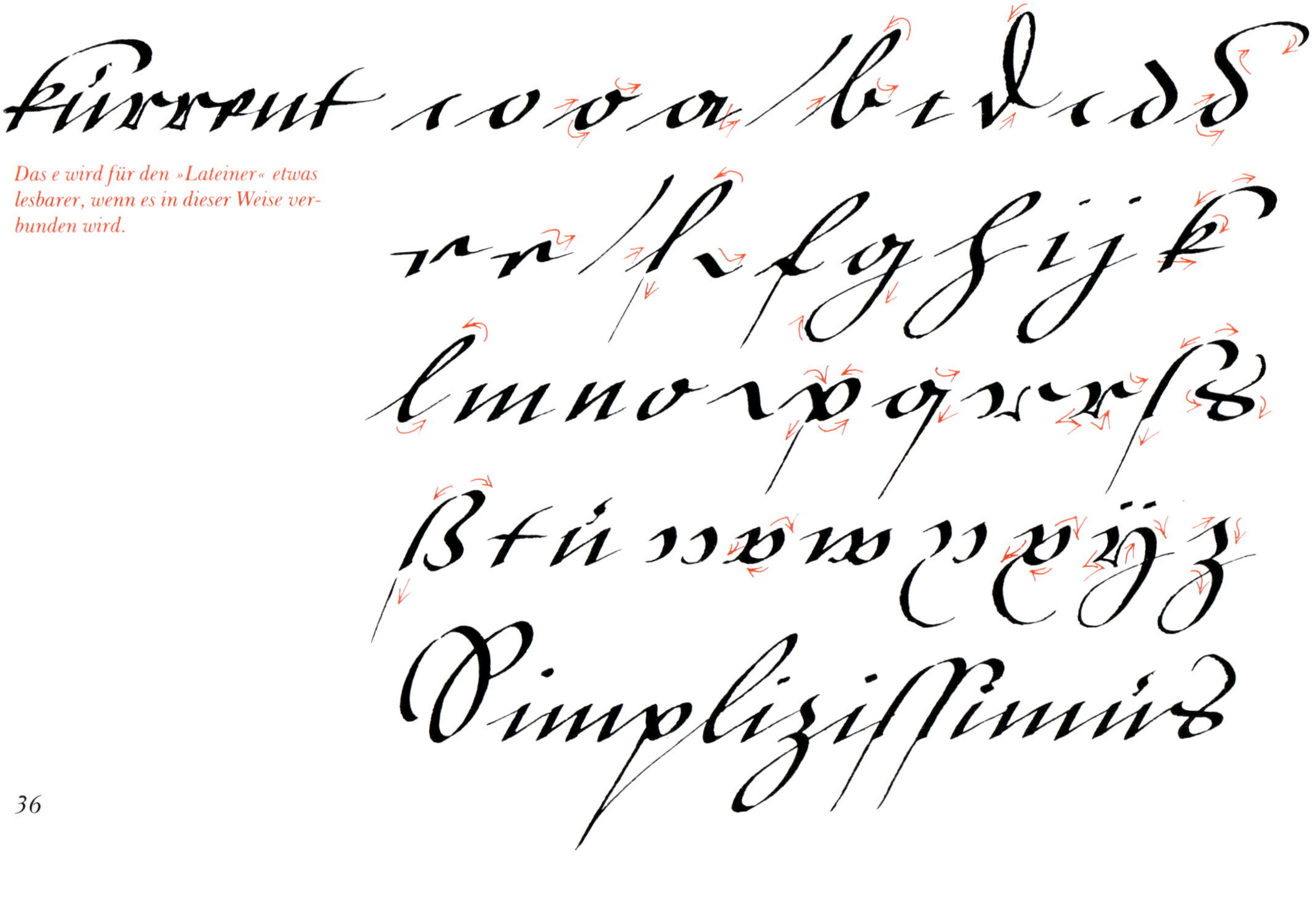

Das e wird für den »Lateiner« etwas lesbarer, wenn es in dieser Weise verbunden wird.

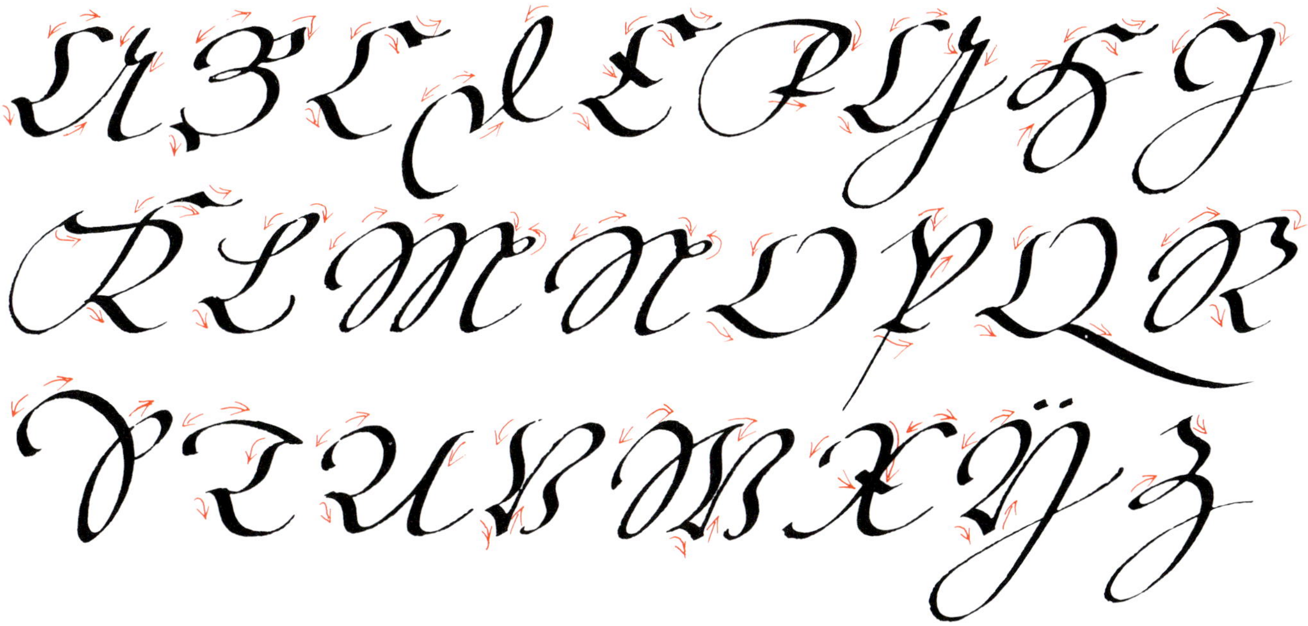

Unter den gotischen Schriften sollte man das malerische Element pflegen, sich zum originalen Schreibgerät hinwenden, also der breiten Feder. Bei den gotischen Schreibschriften vielleicht sogar dem Federkiel. Falls Sie einmal Urkunden aus dem Barock oder Klassizismus zu sehen bekommen, werden Sie staunen. Eine Kanzleikurrent wurde mit dem Gänsekiel in einer n-Höhe von vielleicht 2 oder 3 mm (!) mit äußerster Präzision gleichsam

Angesichts dieser Versalien wird klar, daß nur Antiquaversalien hintereinander funktionieren. Die Versalien gebrochener Schriften sind kein eigenständiges Alphabet und nur zur Hervorhebung und als Schmuck innerhalb einer gemischten Schreibweise geschaffen.

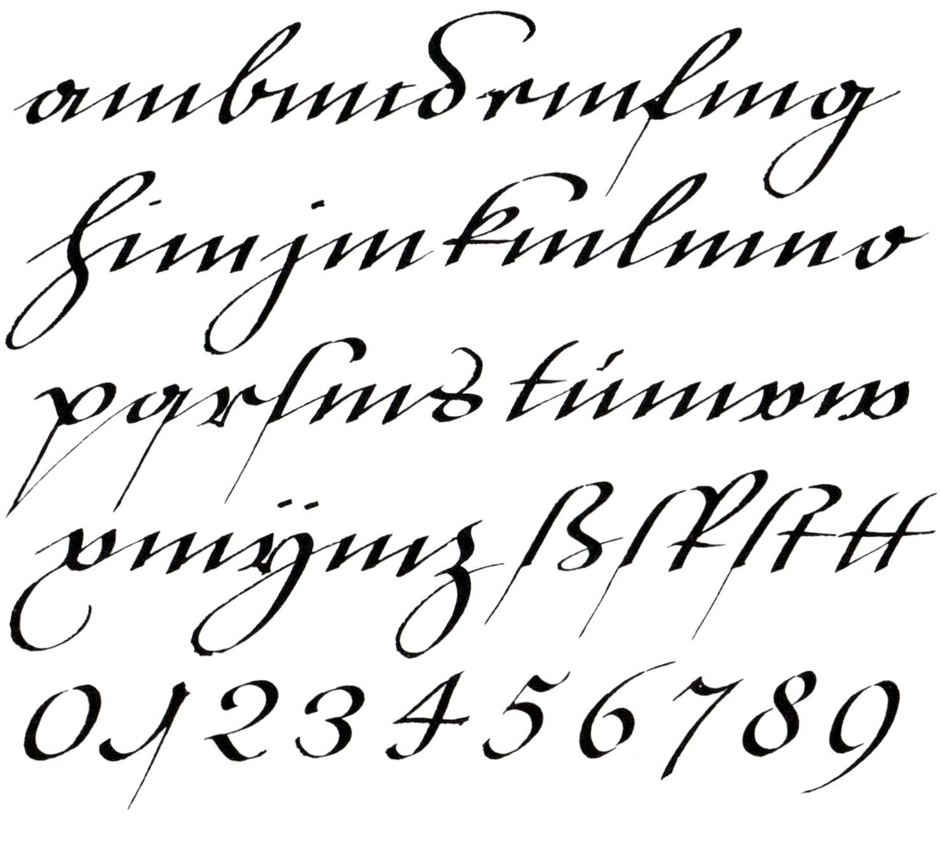

hingeworfen, mit vehementen Schwüngen und Schleifen, in einer geradezu expressiven Manier.

Wir gehen von einer 40°-Federhaltung und 5 mm n-Höhe aus (2½ mal die Federbreite). Das ist auch relativ klein, läßt sich aber leicht ausführen. Durch die höhere Schreibgeschwindigkeit wird auch die Schräglage mit ca. 60° extremer. Da einige Buchstaben (c, e, k, s, v, w, x) verbunden wahrscheinlich nicht erkannt werden, ist das Alphabet einmal unverbunden dargestellt.

Das *lange s* haben Sie schon bei den runden Schriften kennengelernt, wahrscheinlich aber kaum Notiz davon genommen. In der Ligatur ß taucht es laufend auf. Während die Verwendung des Lang-s unter den lateinischen Schriften Geschmackssache sein darf, ist es in den gebrochenen Schriften Pflicht. Das *runde s,* oder auch Schluß-s genannt, wird an alle Wort- oder Silbenenden angehängt. Sonst immer das Lang-s. In Zweifelsfällen gibt der Duden (unter Richtlinien für den Schriftsatz) Aufschluß.

Sicher ist die Deutsche Kurrent keine zeitlose Schönheit wie die Antiqua. Aber machen Sie einen Versuch. Eine schnellere Schrift gibt es nicht!

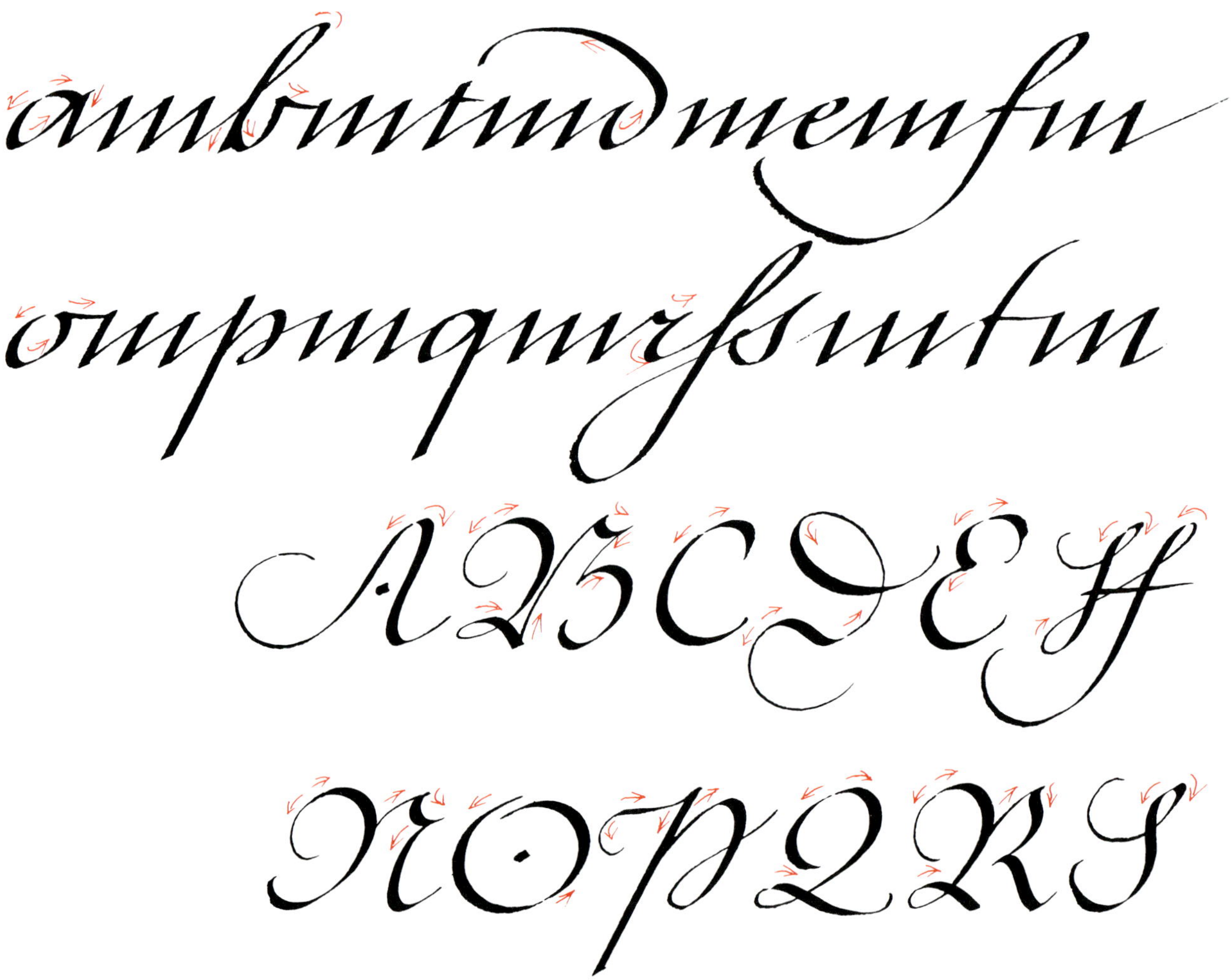

2.7 Die Secretary

Ein vergleichbares Paar, wie Kanzlei und Kanzleikurrent, waren in England Engrossing (d. h. Kanzleischrift) und Secretary. Die Secretary hand ist die englische Version einer gotischen Bastarda und wurde seit dem 18. Jahrhundert in der hier gezeigten Form gepflegt.

Ihre Buchstaben sind wieder viel leichter zu lesen, da sie den lateinischen verwandter sind. Lediglich die herben m- und n-Formen unter den Gemeinen und natürlich die Versalien sind in der Anmutung gotisch. Auffällig sind die hellen, runden Innenformen und der zarte Duktus. Der Wechsel zur Spitzfeder scheint hier nur noch eine Frage der Zeit.

Wir wollen bei unserer 2-mm-Feder bleiben, und darum fällt dieses Alphabet mit einer n-Höhe von 7 cm (3½ mal die Federbreite) wieder größer aus als die Kanzleikurrent. Schräglage und Federhaltung bleiben jedoch gleich. Wechseln Sie nach dem Einstudieren zur 1,5-mm-Feder.

Die Minuskeln sind leicht zu erfassen und umzusetzen, bei den Majuskeln wird dagegen übermäßig oft verkantet.

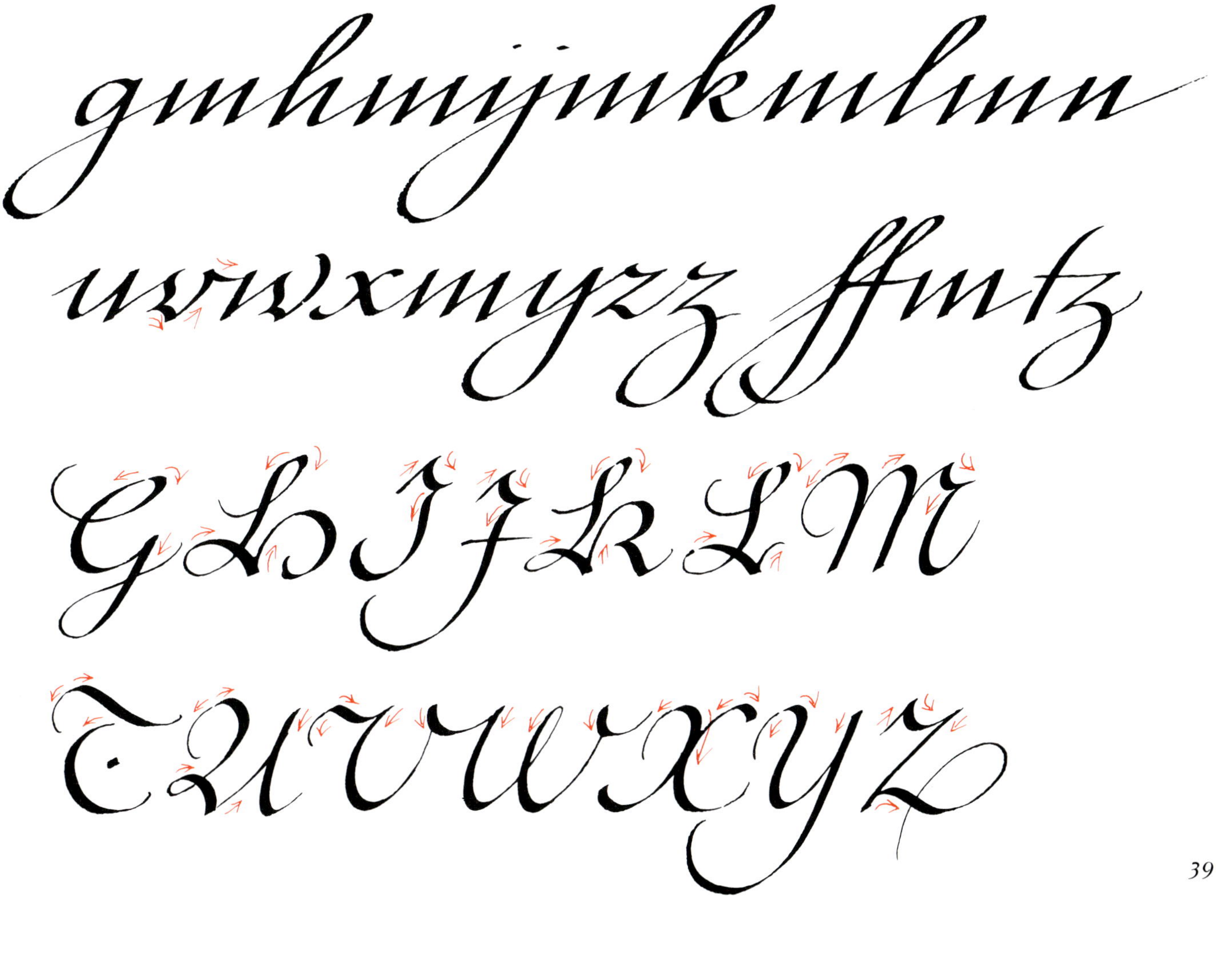

3 *Die Schreibschriften der Spitzfeder*

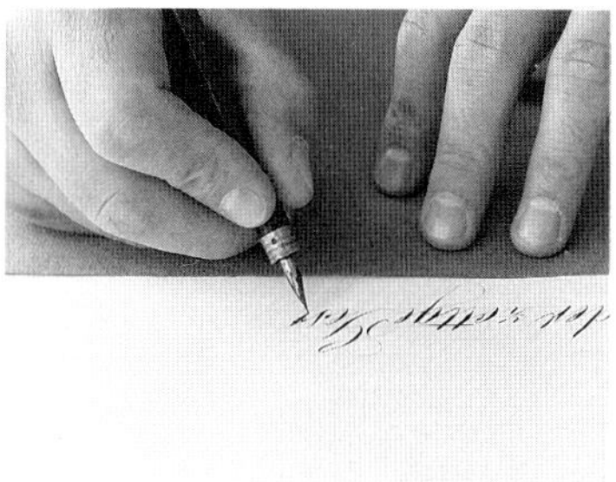

Nach dem kleinen Ausflug zu den gotischen Schreibschriften kehren wir nunmehr zu den lateinischen zurück. Wir wollen uns im gleichen Zug mit dem Werkzeug bekannt machen, das seit dem 18. Jahrhundert die Breitfeder mehr und mehr verdrängte. Dieser Wechsel ist zum einen durch einen Wechsel im Stilempfinden begründet: Der Klassizismus bringt strenge, kontrastreiche Schriften hervor, mit fetten Grundstrichen und zerbrechlichen Haarlinien; zum anderen konnte es dazu erst durch eine Verbesserung der Reproduktionstechnik kommen.

Die Vorlagenbücher von Palatino, Arrighi, Neudörffer, Wagner, bis in den Barock (siehe Seite 12/13), wurden üblicherweise noch im Holzschnitt vervielfältigt, was eine gewisse Festigkeit der Buchstaben voraussetzte. Zartes, filigranes Linienspiel war erst im Kupfertiefdruck möglich. Und technische Möglichkeiten wurden schon immer gestalterisch genutzt. Der Schriftkünstler gab seine Arbeiten an seinen »Freund und Kupferstecher« weiter, der peinlich genau die Figuren in die Platte grub und darüber sozusagen »bereinigte«. Der Druck war folglich glatter und ausgefeilter als das Original. Der Grabstichel prägte zusehends das ästhetische Ideal im Schriftschaffen, und dem entsprach die feingeschnittene Feder mehr als die breitgeschnittene. Um 1830 begann in England die industrielle Produktion spitzer Stahlfedern und im Laufe des Jahrhunderts verschwand die Breitfeder in Europa fast ganz aus den Kontoren und Schulen.

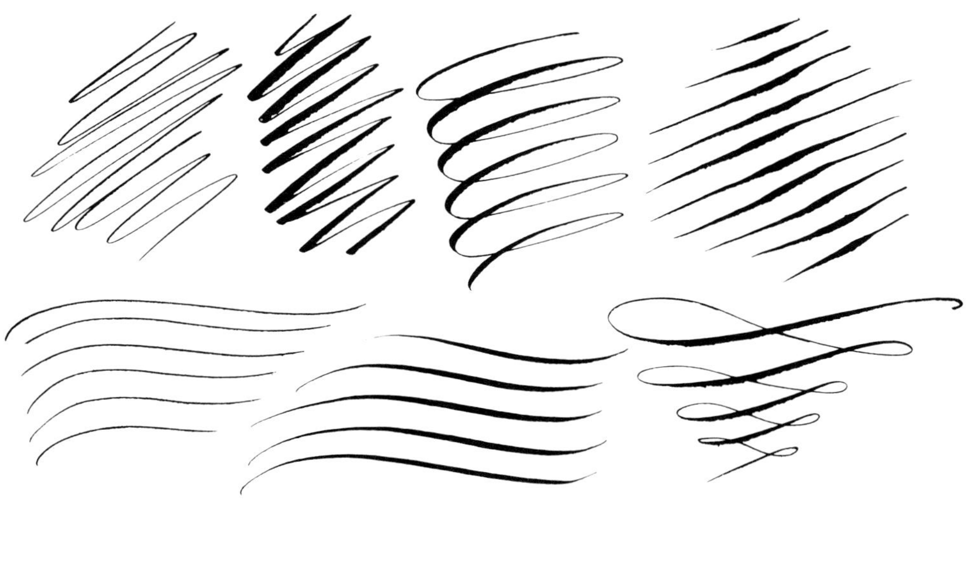

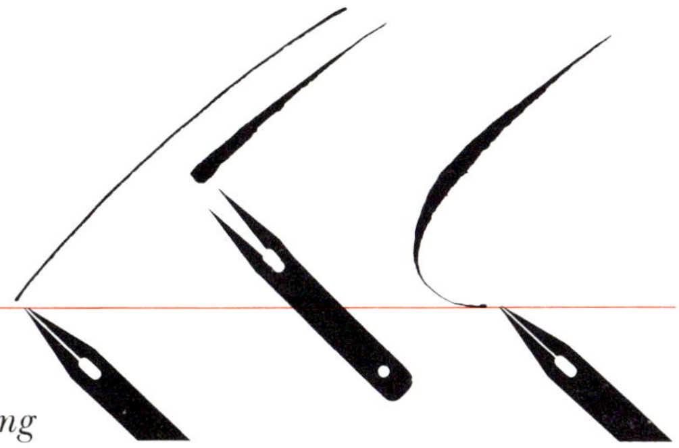

3.1 *Federhaltung und Strichführung*

Wir leiten unsere Arbeit mit den gleichen Vorübungen ein, wie im 2. Kapitel. Egal, wie wir die Spitzfeder auch halten, sie wird ohne unser Zutun nur einen spröden Schnurzug schreiben. Aufgrund ihrer Elastizität reagiert sie jedoch auf den geringsten Druck; die feinen Linien können sehr breit anschwellen. Probieren Sie ein paar spontane Muster und trauen Sie sich richtig zu drücken, vielleicht sogar bis es kracht, aber dann wissen Sie wie weit Sie gehen können. Die Spitzfeder hat kein Tintenreservoir und wird darum einfach eingetaucht. Sie kann ausschließlich beim Ziehen gedrückt werden, beim Schieben bleibt nur die Haarlinie. Führen Sie den Schlitz der Feder immer exakt in Richtung der Grundschräge, verdrehen Sie nicht seitlich, sonst entstehen unsaubere Ränder und es spritzt. Akzeptieren Sie aber von vorneherein kleinere Spritzer, sie gehören einfach dazu. Und an das laute Kratzen werden Sie sich auch gewöhnen.

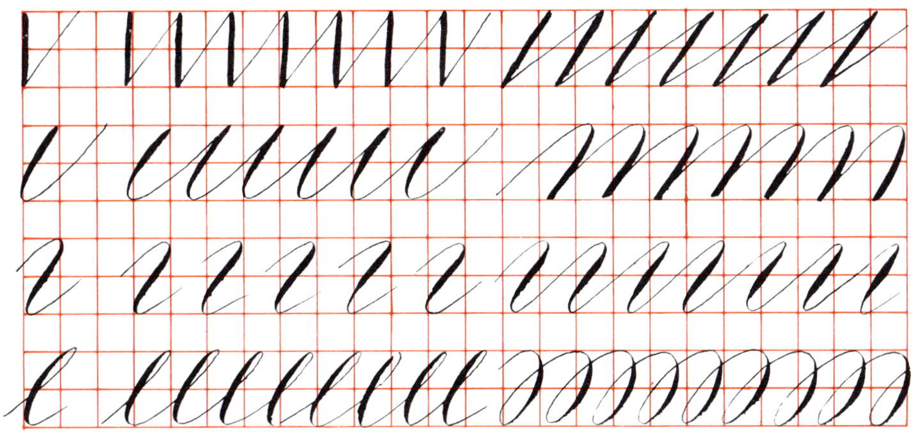

Senkrechte wären sehr unbequem zu führen. In Schräglage läßt sich die Kraft der Handgelenke und der »schreibenden 3 Finger« besser übersetzen.

In der Sägezahnübung versuchen wir der Spitzfeder künstlich einen Wechselzug zu entlocken. Beim Abstrich drücken und ohne Druck wieder hochfahren. In Bögen, Wellen oder Schleifen muß der Druck ganz behutsam dosiert werden, um Knicke in den Kurven zu vermeiden. Wie selbstverständlich werden Sie in die Schräglage fallen, denn nur so haben Sie das Werkzeug in der Gewalt. Es erklärt auch den extremen Schreibwinkel der Anglaise, die wir gleich kennenlernen.

Zwischen den einzelnen Formen können Sie ruhig die Feder abheben und dann wieder aus der Bewegung im Muster fortfahren.

Anglaise

3.2 *Die Englische Schreibschrift*

Im Vergleich zu den Breitfederkursiven, die ihren Duktus aus einer konsequenten Federhaltung ableiten, müssen wir bei der Englischen Schreibschrift mit der spitzen Feder ganz bewußt manipulieren. Der Formenkanon von an- und abschwellenden Linien -- den *englischen Linien* – setzt ein regelrecht stures Einüben voraus. Hat der Wechselzug der breiten Feder einen organischen und mithin dynamischen Charakter, so ist die Anglaise ihrem Wesen nach synthetisch und überläßt ganz dem Kopf die Regie.

Um dabei nicht in kraftlose und gekünstelte Federspiele zu verfallen, sollten wir uns dieser Schrift besonders diszipliniert nähern. Wohl dem, der jetzt durch das Studium der lateinischen Kursiven festen Boden unter den Füßen hat. Allzu leicht könnte man allein dem ornamentalen Zauber erliegen. Fehlerhafte Anwendung und unnötige Übertreibungen haben den Spitzfederkursiven von je her auch viel Kritik eingetragen. Nur wenn wir uns persönlich zurückhalten, können sie ihre ganze Eleganz entfalten.

Sehen wir uns erst einmal das Figurenverzeichnis im Ganzen an und versuchen, dem dekorativen Reiz auf die Spur zu kommen.

Grundsätzlich neu sind die Proportionen von Gemeinen und Versalien sowie die extreme Schräglage. Spannungsvolle Ovale und Spiralen als Schlüsselformen.

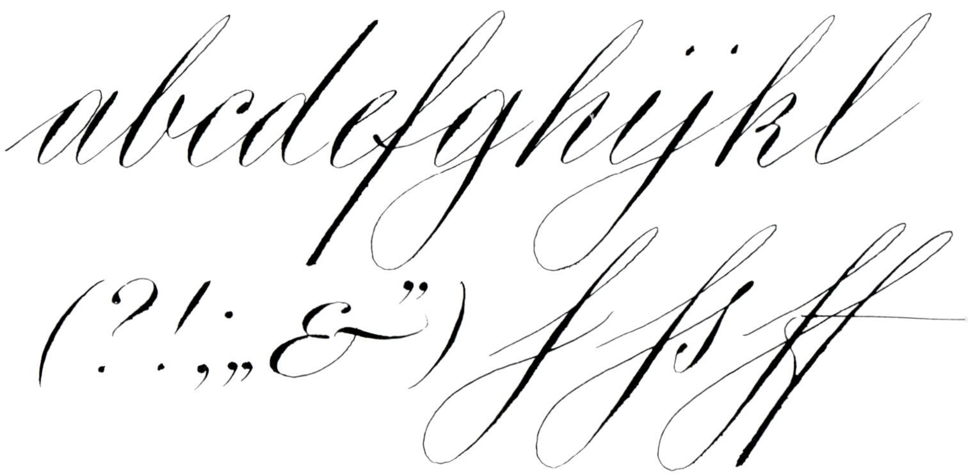

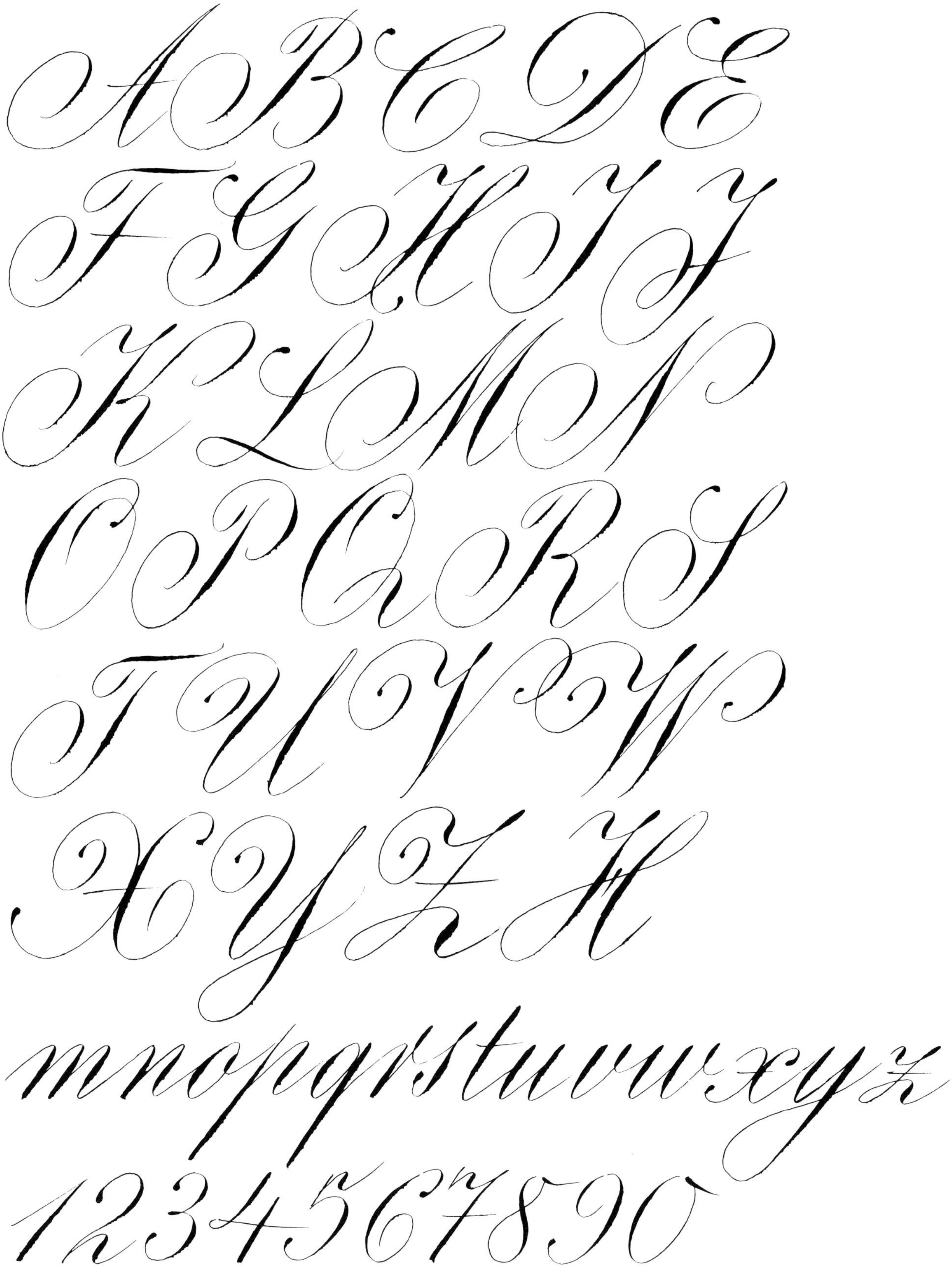
ABCDE
OPQRS
mnopqrstuvwxyz
1234567890

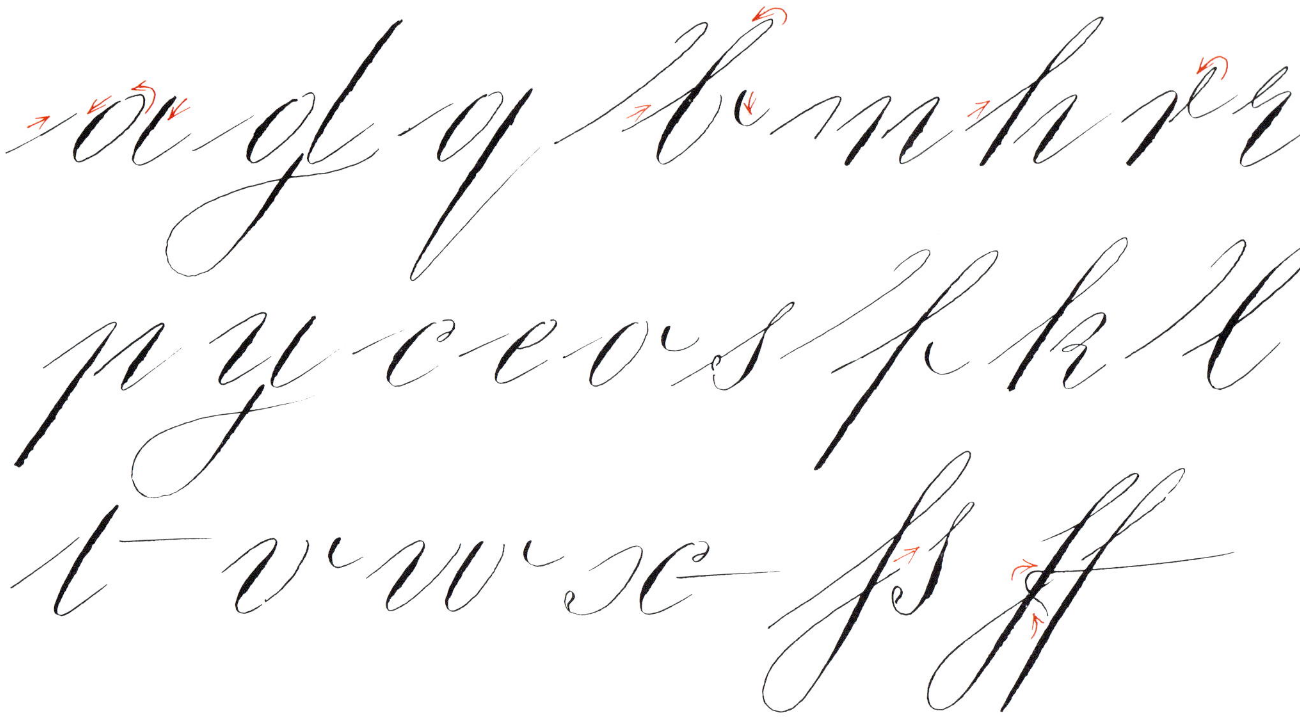

3.2.1 Struktur der Englischen Schreibschrift (Round hand)

Wenn wir das bisher Erlernte rekapitulieren, stellen wir fest, daß die Buchstaben feingliedriger und runder werden. Die Linse der frühen Humanistischen Kursiv wird in der jüngeren zum ausgerundeten Oval. Die Schlüsselform der englischen Schreibschrift ist jetzt ein Spitzoval.

Wir brauchen ein Linienblatt mit 54°-Schräglage und wiederum 1-cm-Einteilung. Mit der kratzigen Spitzfeder läßt sich recht sauber auf Layoutpapier schreiben. Ansonsten wieder auf dem bewährten Briefpapier.

Schreiben Sie das spitze Oval des a zunächst rein linear, ohne Druck in einem Zug. Danach noch einmal, jetzt beim Abstrich behutsam aufdrücken, daß die Linie mit weichem Übergang auf die abgebildete Breite an- und wieder vollends abschwillt, bevor wir den Scheitelpunkt auf der Grundlinie erreichen. Machen Sie sich ganz intensiv die Schräglage bewußt und versuchen Sie fast einen *geraden* Abstrich zu schreiben, mit einer minimalen Krümmung. Dabei gerät die Hand beim Drücken in eine gewisse Spannung. Im Nachlassen des Druckes löst sich die Spannung und läßt die Feder wie von selbst aus der Kurve heraus laufen. Nun die Haarlinie in sauberer Gegenform nach oben führen und anschließen. Den zweiten Abstrich des a gleich mit vollem Druck aufsetzen, gleichermaßen vor dem Scheitelpunkt nachlassen und die Spitze in die Kurve »hochfedern« lassen.

Soweit die Theorie: Bis zu den ersten praktischen Erfolgen wird viel Zeit vergehen. Die Anglaise ist anstrengend. Das ständige Drücken wird in den Fingern schmerzen oder zur verkrampften Körperhaltung führen.

Hören Sie auf jeden Fall auf zu üben, sobald es unangenehm wird.

Beobachten Sie genau die Strichbreiten und wie ihr Gewicht verlagert ist. Es ist häßlich, wenn dicke Schwellinien in die Rundungen hineinlaufen oder bei Geraden zittrige, knotige Umrisse entstehen. Die Konturen können nicht so glatt sein wie »gestochen«, wohl aber optisch gerade ausgerichtet und von einheitlicher Strichstärke.

Rundungen gehen beinahe leichter von der Hand als Gerade, besonders die langgezogenen (d, f, p, h. . . .) müssen streng gehalten werden. Prüfen Sie, wie stark etwaige Krümmungen sind: Oft wird sehr straff geschrieben.

Schleifen, wie bei g, y, und Lang-s, fließen aus einem sanft abschwellenden Abstrich. Umgekehrt werden die Schleifen bei b, h, l und f aus einem feinen Aufstrich heraus beim Herabziehen langsam auf die volle Breite gedrückt. Ganz kleine Schleifen, wie beim s oder k, sowie die konturiert geschriebenen Tropfen werden ausgefüllt.

Um das Schriftbild in einer einheitlichen Schräglage auszurichten, sind einige Formen im Verhältnis zum normalen Abstrich etwas verkantet. Das »laufende« Bein des n oder des h ist gegenüber dem »Standbein« leicht nach innen gezogen. So liegen die optischen Achsen wieder parallel. Ebenso müssen Rundungen ausbalanciert werden. Vor allem beim s aufpassen, daß es nicht kippt.

Alle gelernten Ausgleichsregeln können prinzipiell übertragen werden.

Erschöpfen Sie sich auch hier nicht in der Einzelform. Testen Sie sich beispielsweise an dem auch bei uns von Typografen wie Kalligrafen gleichermaßen geschätzten englischsprachigen Satz, der das gesamte Alphabet enthält!

Damit das n sich optisch nicht spreizt, wird das bewegte Bein leicht nach innen verkantet.

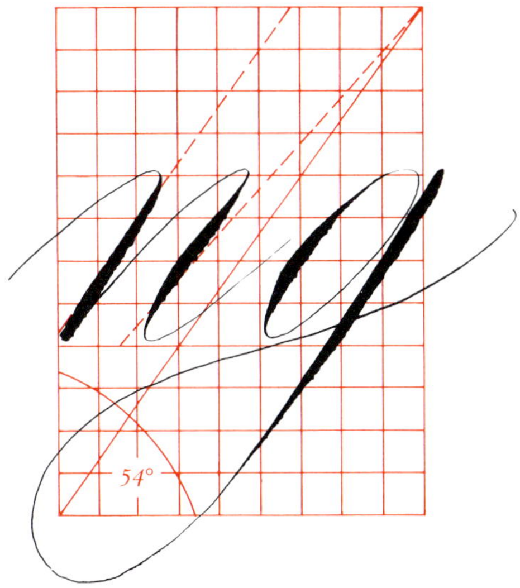

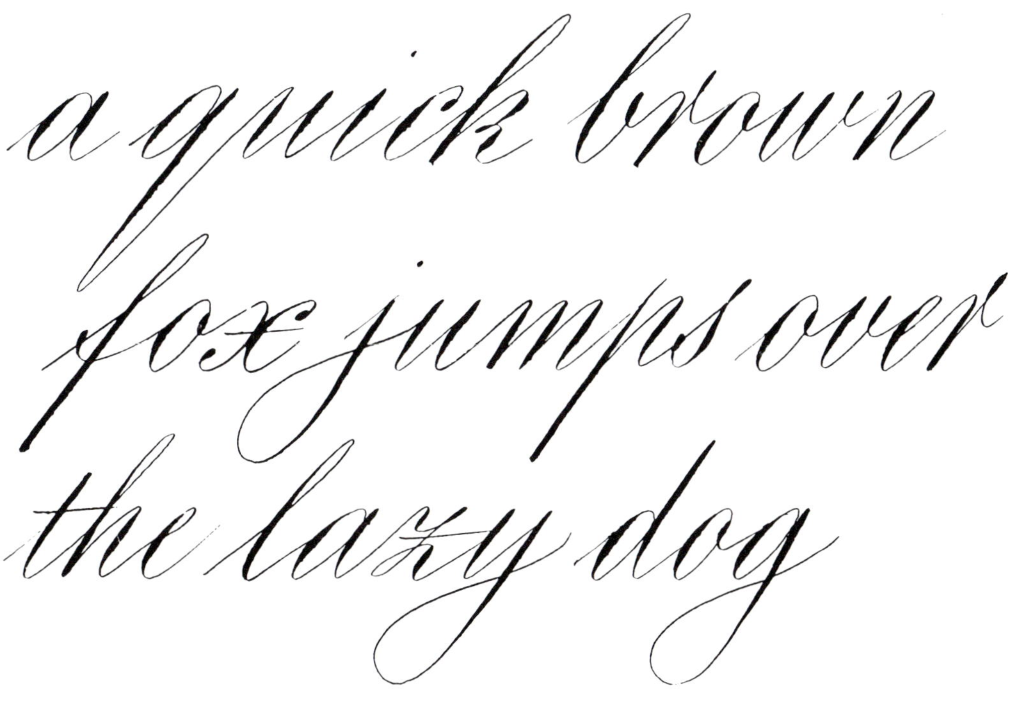

Die Schwünge von C, E, G, S gelingen leichter, wenn wir sie im Geiste als Oval vervollständigen. Kleine Schlingen bei E, H, I, J, K, und Tropfen müssen ausgefüllt werden.

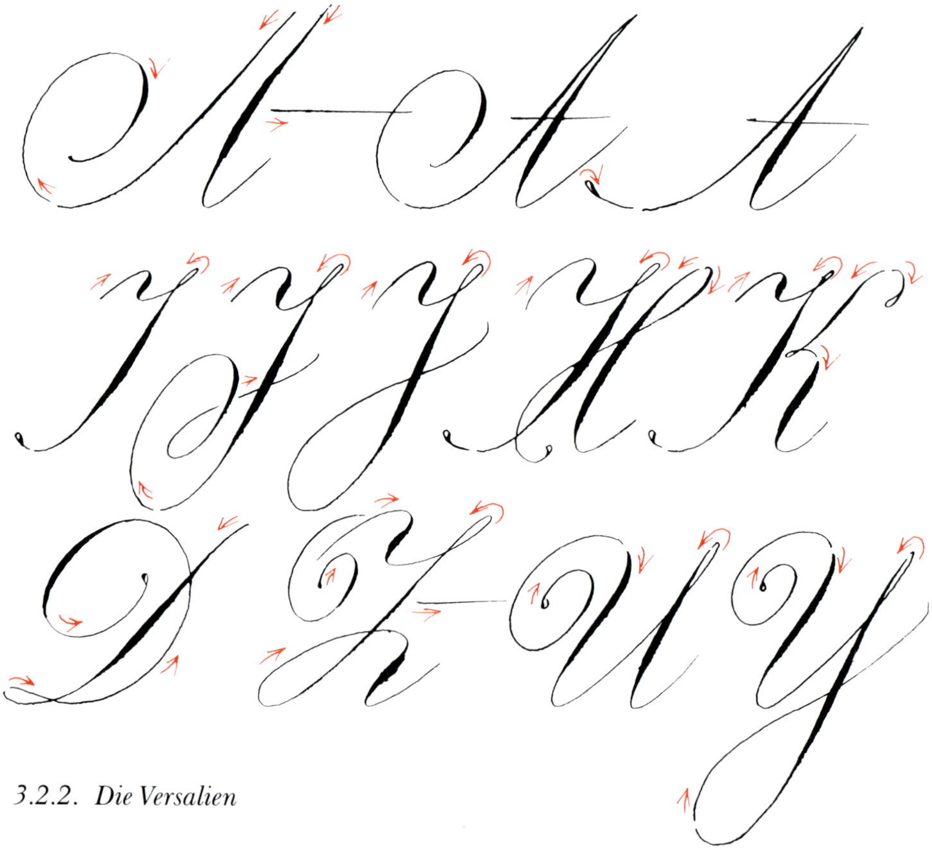

3.2.2. Die Versalien

Wenn auch die Anglaise in Englands Kontoren als reinliche Verkehrsschrift konzipiert wurde, so ist ihre Lesbarkeit dennoch durch den dekorativen Formwillen überlagert. Sie dokumentiert den Stolz ihrer Zeit, wendet sich bewußt von den ausgewogenen Proportionen der Antiqua ab. So sind auch Versalien nicht mehr in maßvoller Größe ins Satzgefüge eingegliedert, sondern als Schmuckelemente stark betont. Der Gesamteindruck wäre also eher verspielt, nur dürfen wir nicht verkennen, daß die englische Rechtschreibung weitaus sparsamer mit Großbuchstaben umgeht als die deutsche.

Das Schema zeigt Ihnen wieder die verwandten Buchstaben hintereinander in zerlegter Form. Neben den üblichen Nahtstellen habe ich auch dort eine Lücke gelassen, wo Sie gelegentlich die Feder zum »entspannen« absetzen können. Der erste Abstrich des A wird etwas flacher als die Grundschräge, ohne Druck im straffen Bogen zur Grundlinie gezogen (Wenn Sie sicherer geworden sind, können Sie eine leichte Schwellung anlegen). Denken Sie dabei schon an die anschließende Spirale. Nun muß im Übergang eine feine Linie *geschoben* werden und die Hand beginnt vermutlich zu zittern. Haben Sie aber die Spiralform schon imaginär fortgesetzt, so können sie an diesem Punkt kurz anhalten, um mit neuer Kraft aus der Bewegung weiterzuschreiben. Setzen Sie nicht nahtlos an, sondern lassen Sie eine kleine Lücke, die Sie dann zutupfen.

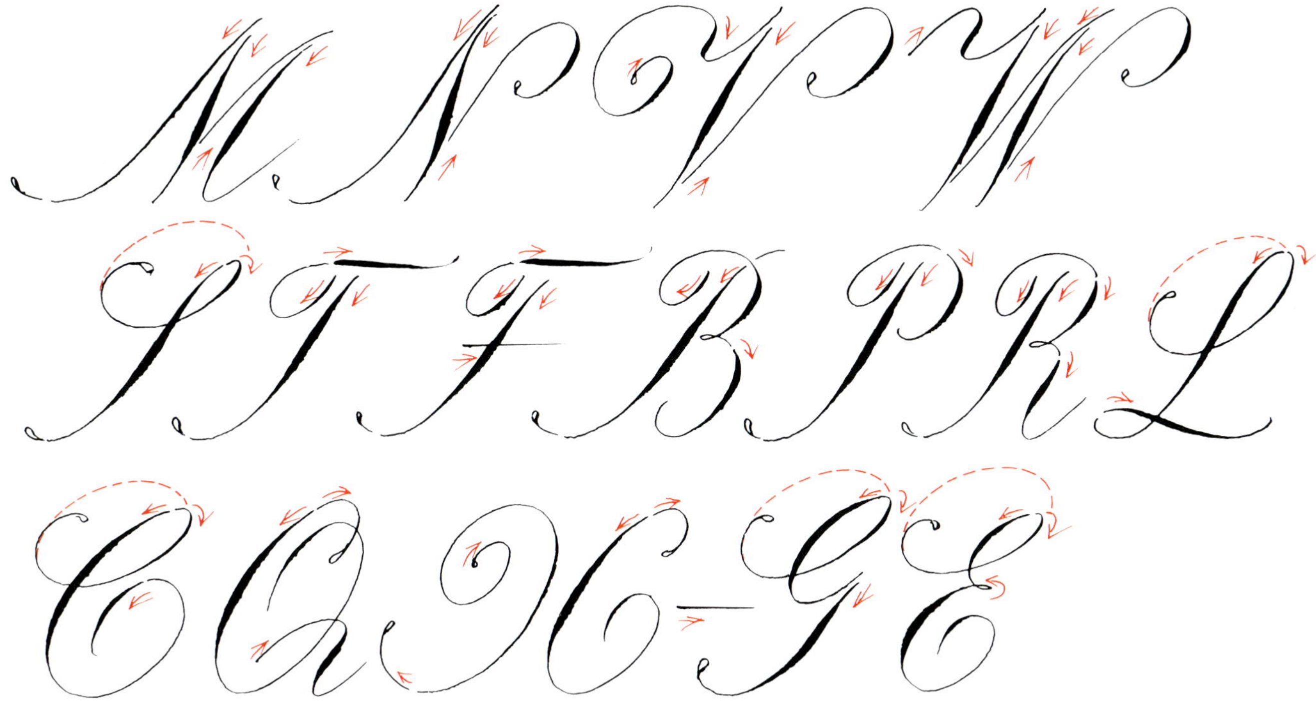

Es bleibt Ihnen überlassen, ob Sie regelmäßig – wie im Figurenverzeichnis Seite 43 – eine Spirale anschließen, oder die Tropfenversion vorziehen.

Den zweiten Abstrich des A in 54°-Grundschräge langsam auf die volle Breite an- und abschwellen lassen und, wie bei den Gemeinen, die Feder zügig aus dem Bogen herausziehen. Das Ganze läuft schneller ab, als es sich anhört. Ohne die nötige Entschlossenheit wirken die Linien »nervös«. Darum wird auch der Querstrich im A – wie beim F, X, Z – schnell und spitz angerissen.

Im übrigen beobachten Sie wieder aufmerksam die Gewichtung der Strichstärken – im Verhältnis zu den Gemeinen sind sie wieder etwas kräftiger – und die Stetigkeit, mit der Sie kräftiger und feiner werden. Vor allem müssen sich Spitzovale und die daraus wachsenden Spiralen an der extremen Schräglage orientieren, sich nicht nach links neigen oder zum Kreisbogen auflösen. Die Schleifen des C, E, G, S und L folgen einem rechts geneigten Oval. Stecken Sie Ihr erstes Ziel nicht zu weit und üben Sie einige schöne Wortbilder.

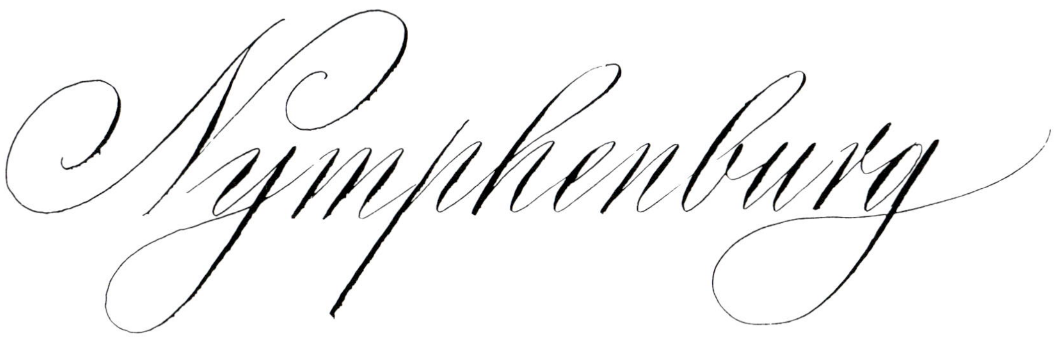

Schreibschriften haben aufgrund ihres energischen Charakters meist raumgreifende Ober- und Unterlängen. Selbst bei einem Zeilenabstand von 3facher n-Höhe kommt es noch zu Überlagerungen, mit denen man aber leben kann. Schauen Sie sich historische Vorlagen an, und es wird Sie verwundern, wie weit die Zeilen gesetzt sind!

Die Textbeispiele sind bewußt in unterschiedlichen Sprachen geschrieben, um auf die Eigenarten im Schriftbild aufmerksam zu machen. Jede Sprache hat eine ihr typische Auswahl an Buchstaben und Zeichen.

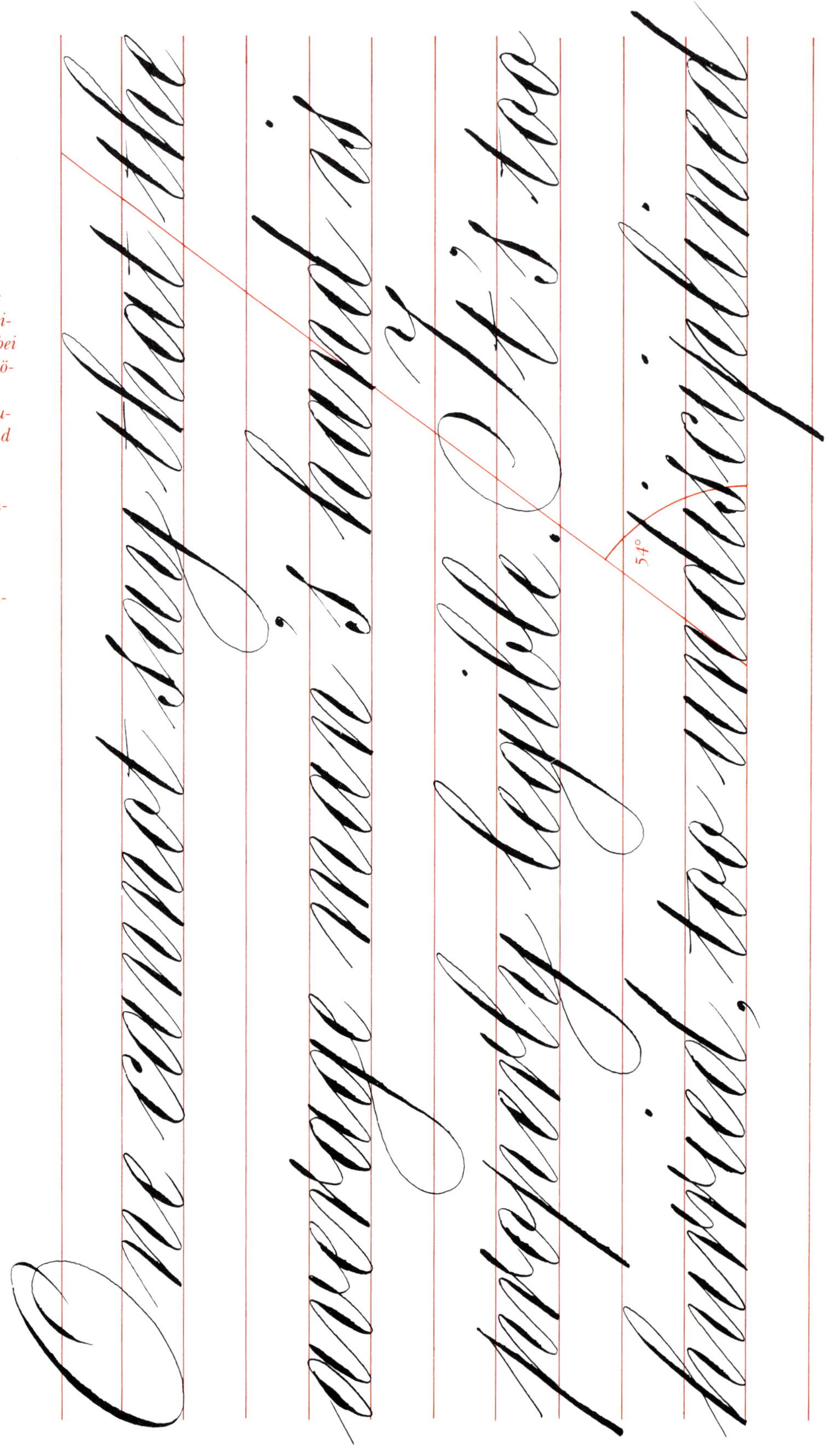

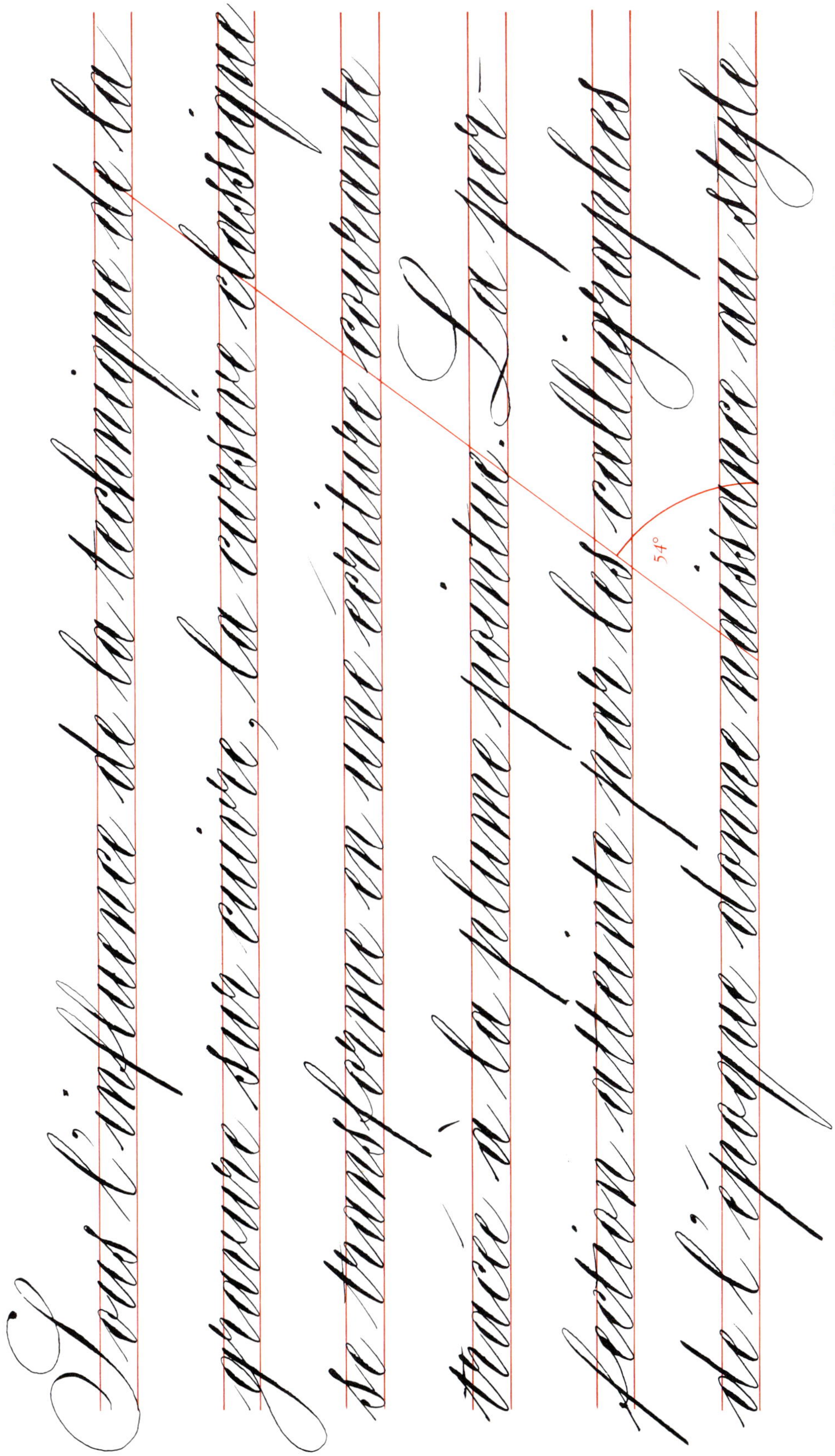

Zwischen zwei Schriftgrößen zu pendeln, sowie sich in verschiedenen Schreibgeschwindigkeiten zu üben, läßt Sie mit jeder Schrift vertrauter werden.

Wieder ein Orientierungsrahmen: Ein geübter Schreiber braucht ca. 30 bis 45 Minuten für jedes der beiden Textbeispiele. Bemerkenswert ist, daß der kleiner geschriebenen Text nicht flüchtiger wirkt. Genau da zeigt die mitunter als erstarrt und steif kritisierte Anglaise ihre Stärke.

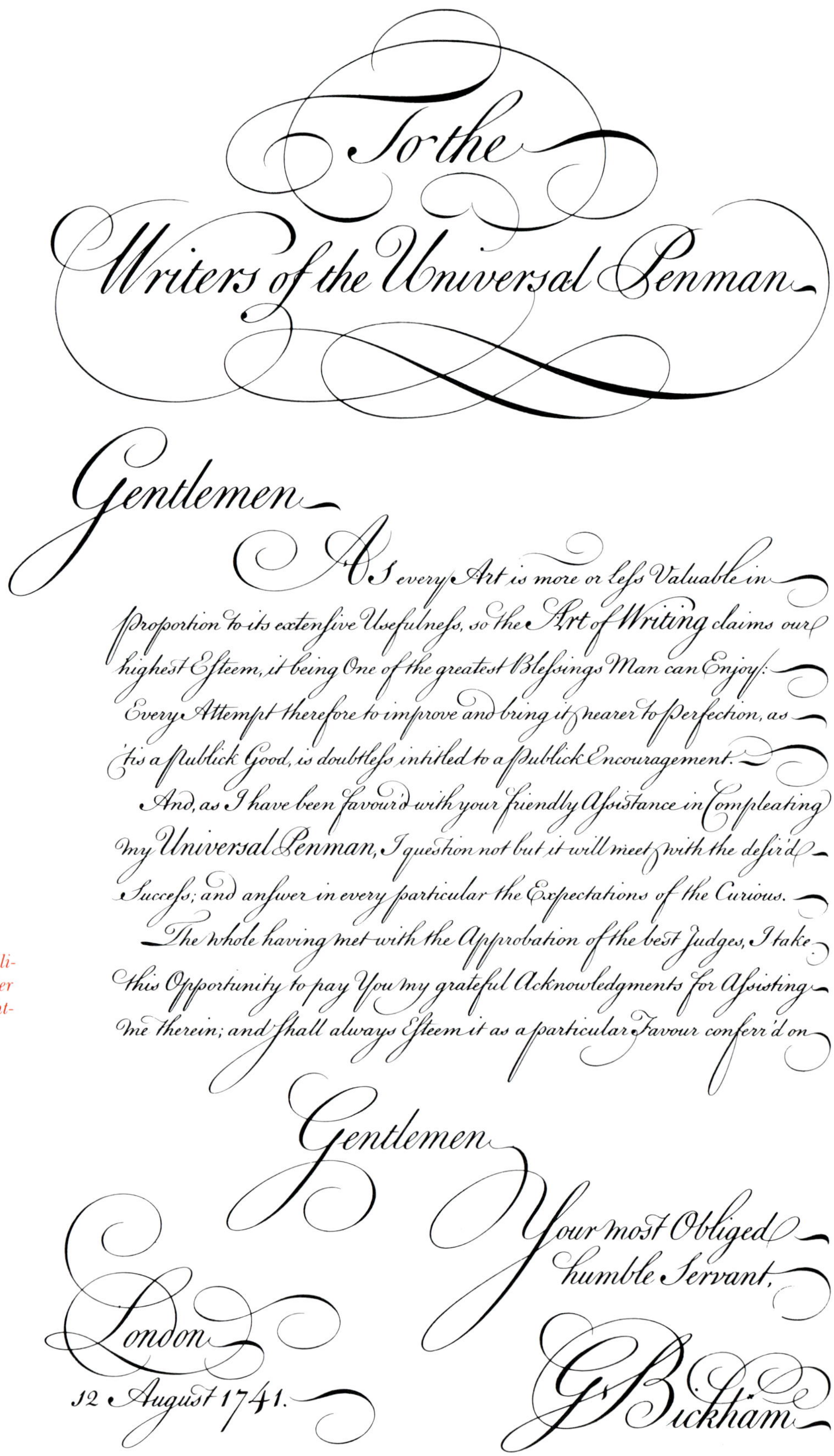

To the
Writers of the Universal Penman

Gentlemen

As every Art is more or leſs Valuable in proportion to its extenſive Uſefulneſs, so the Art of Writing claims our highest Eſteem, it being One of the greatest Bleſsings Man can Enjoy: Every Attempt therefore to improve and bring it nearer to Perfection, as 'tis a Publick Good, is doubtleſs intitled to a Publick Encouragement.

And, as I have been favour'd with your friendly Aſsistance in Compleating my Universal Penman, I question not but it will meet with the deſir'd Succeſs; and anſwer in every particular the Expectations of the Curious.

The whole having met with the Approbation of the best Judges, I take this Opportunity to pay You my grateful Acknowledgments for Aſsisting me therein; and ſhall always Eſteem it as a particular Favour conferr'd on

Gentlemen

Your most Obliged humble Servant,

London 12 August 1741.

G. Bickham

Ein Blatt von George Bickham, Kalligraf, Kupferstecher und Herausgeber des Universal Penman, einem prachtvollen Vorlagenbuch von 1743.

3.3 Original und Reproduktion

Die über den Kupferstich reproduzierten Vorlagen wiesen tadellos scharfe Linien und exakte Schwünge auf, wie sie im Original gar nicht möglich waren. Es kann darum nicht unser Ziel sein, eine eigentlich emotionslose Perfektion anzustreben. Die Kalligrafie ist nicht dann vollkommen, wenn sie »wie gedruckt« aussieht. Diese Vorstellung wäre naiv und absurd, denn dann müßten wir womöglich das Geschriebene mit Lineal und Zirkel überarbeiten, die künstlerisch-handwerkliche Eigenart dadurch verschütten.

Natürlich sind wir bemüht, die ideale Form einzuüben. Aber Feder, Tinte und Papier produzieren von sich aus feinste Variationen, die den organischen Reiz ausmachen, malerische Zufälle, die durch keine Maschinenpräzision simuliert werden können.

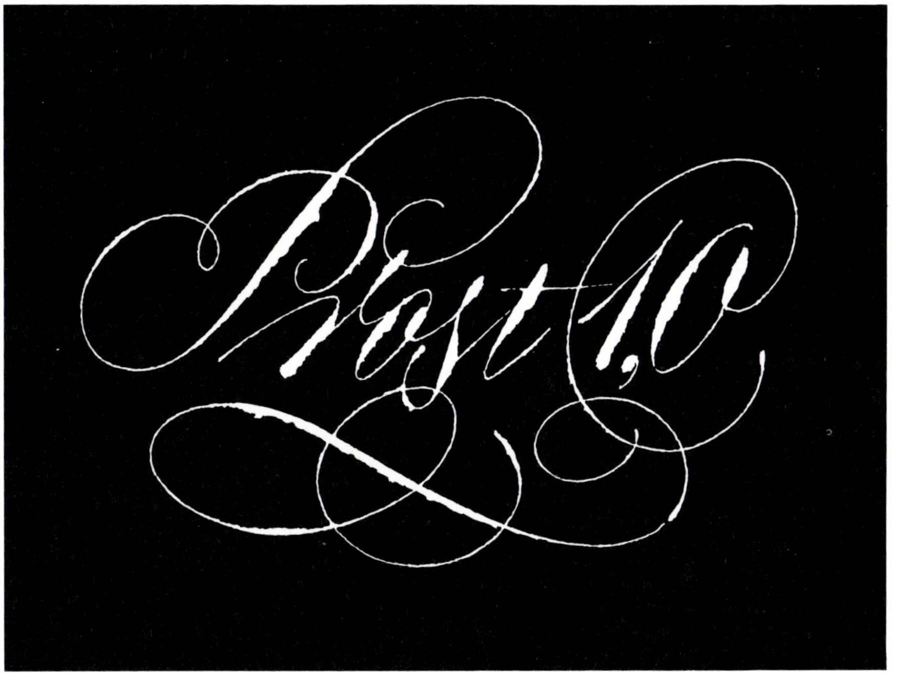

Das Original für dieses Etikett wurde in halber Größe auf rauhes Papier geschrieben und auf die abgebildete Größe reproduziert, um den Struktureffekt hervorzuheben.

Der technische Standard gibt uns heute die uneingeschränkte kalligrafische Freiheit wieder, erlaubt eine absolut originalgetreue Wiedergabe.

Während das historische Blatt links, durch meisterliche Feinarbeit »besticht«, ist in dem Beispiel rechts, der Werkzeug- und Materialcharakter bewußt erhalten geblieben, ja noch zusätzlich betont.

Wir haben also mehr denn je die Wahl der Mittel. Im Farbteil des Buches sind einige Arbeiten abgebildet, welche die gestalterischen Möglichkeiten im Grafik-Design durch Kalligrafie aufzeigen. Geschriebenes soll wie geschrieben aussehen; es steht nicht in Konkurrenz zu den exakten Drucktypen, sondern im lebendigen Kontrast.

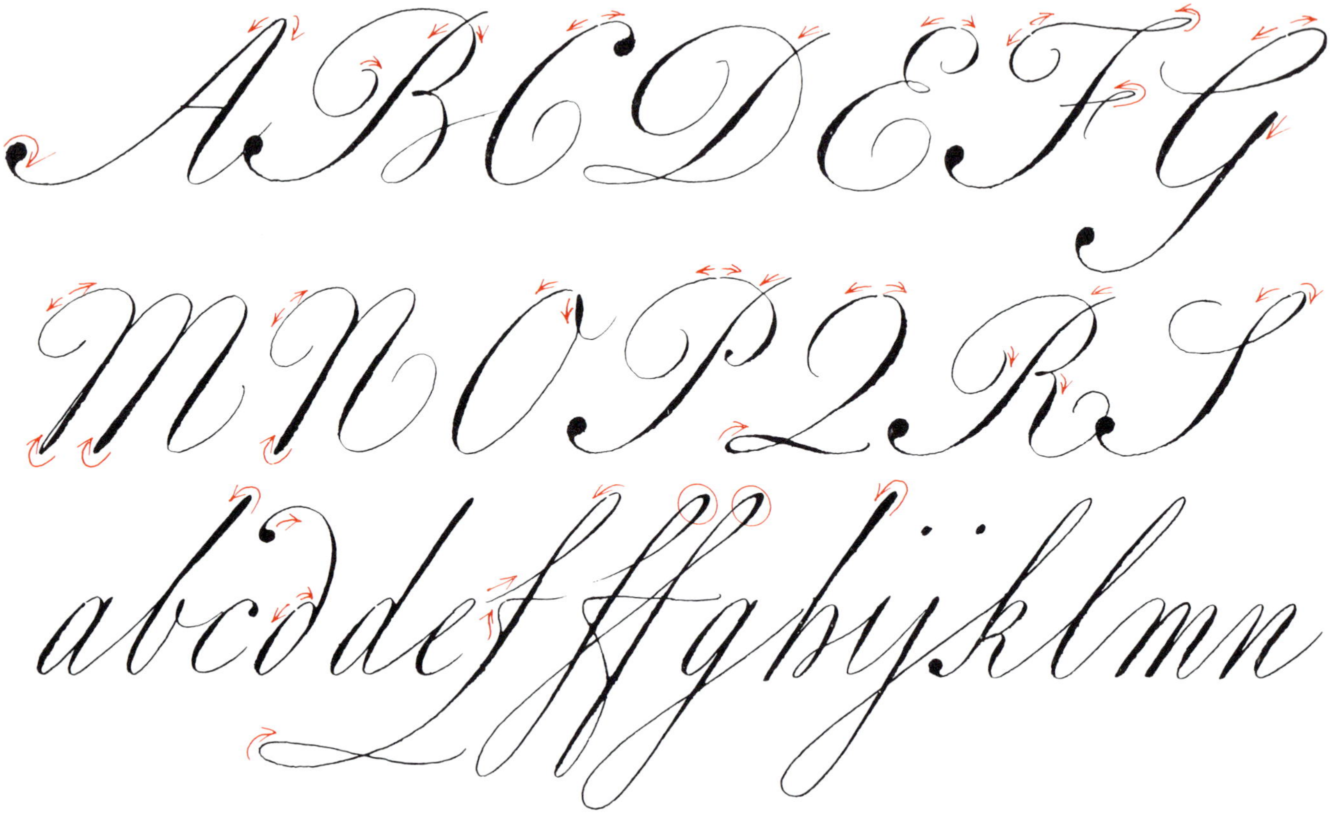

3.4 Die Italian hand

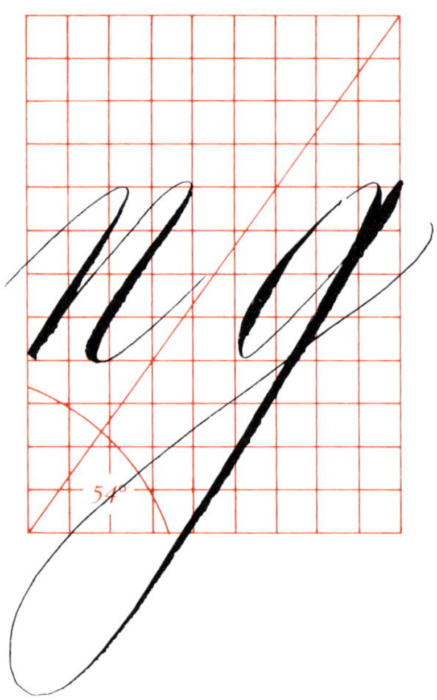

Neben der Round hand, die unter dem Namen Anglaise oder Englische Handschrift in ganz Europa und Nordamerika Verbreitung fand, wurde in England noch eine zweite lateinische Kursive bevorzugt, die Italian hand. Beide Schriften sehen sich auf den ersten Blick ähnlich, doch es gibt eine Fülle raffinierter Unterschiede.

Der Ausdruck einer Schrift läßt sich auch kaum anhand ihres Alphabets beurteilen. Erst in Wortbildern und Texten tritt das Wesen zu Tage. Im Vergleich zur Anglaise ist die Itailan hand noch zarter im Duktus, die Schwellinien viel magerer. Das ganze Buchstabengefüge wird schlanker. Ober- und Unterlängen sind mit dem 2 ½fachen der n-Höhe enorm gedehnt und überragen nun wieder die Versalien. Das spitze Oval weicht einem flachgedrückten, aber in den Kehlungen runden Oval. Schwellungen sind nicht mehr in der Mitte des Ovals am stärksten, sondern nach unten verlagert, zuweilen asymmetrisch. Trotz ihrer pragmatischen Anwendung ist die Italian hand also von recht kapriziöser Natur.

Wir müssen uns immer wieder vor Augen halten, daß jene Schriften nicht primär als künstlerisches Medium, sondern der Kommunikation dienten. Wie unsere Schreibmaschinen heute, sollten sie eine Nachricht, eine

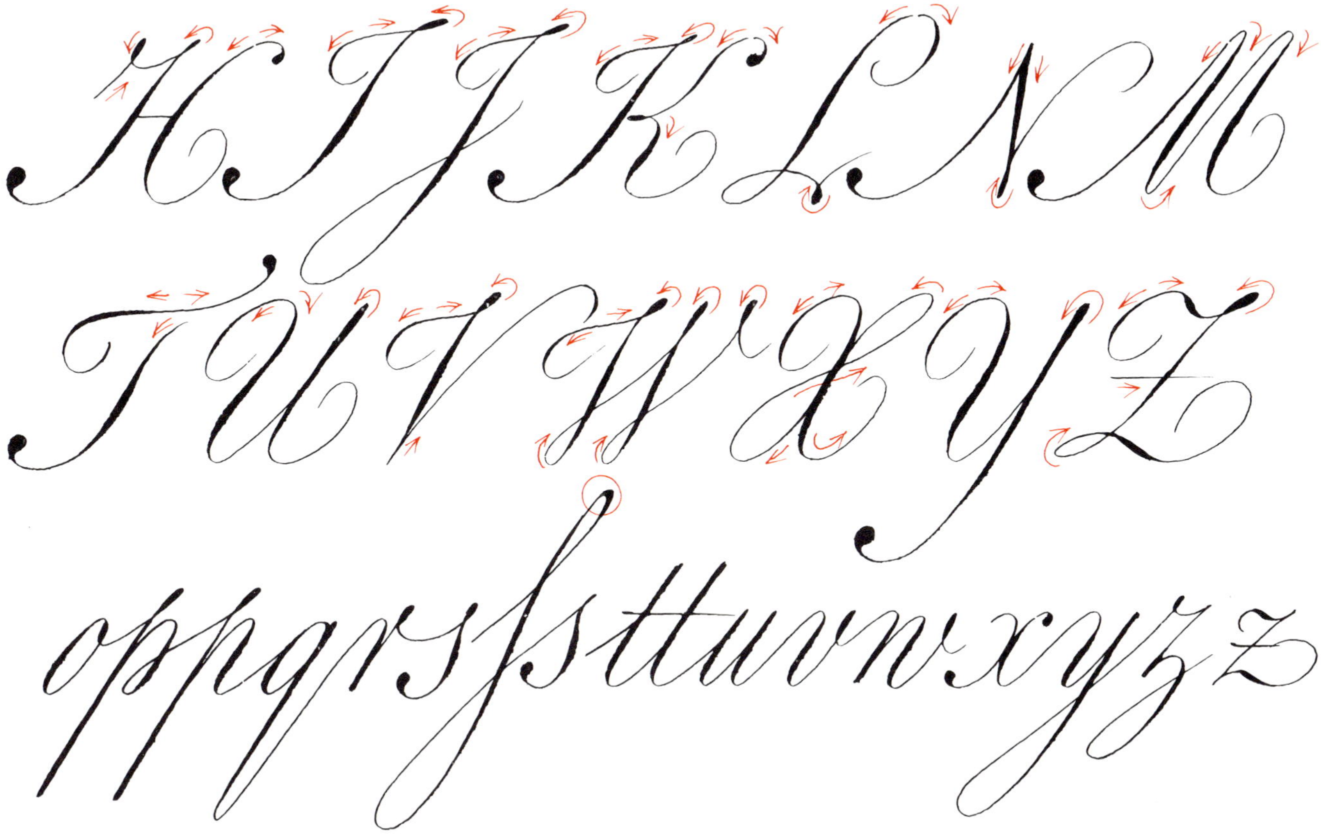

Rechnung oder einen Kontoauszug unmißverständlich, lesbar und wertneutral vermitteln, ohne den Gefühlszustand des Schreibers oder überhaupt seine Person mit einzubringen. Daß man natürlich besorgt war, bei jeder Art von Korrespondenz einen guten Eindruck zu machen, war genauso selbstverständlich wie heute. Anglaise und Italian hand waren »unpersönlich« und attraktiv, für die damaligen Verhältnisse also ideal.

Beide Schriften werden in der gleichen Schreibweise ausgeführt. In der Italian hand verlangen einige Feinheiten allerdings besondere Sorgfalt. Die Schlüsselform a erhält ihr Oval nicht in einem Zug (1), es wird als zweites der Abwärtshaken geschrieben (2), und dann das Oval mit einem anschwellenden Häkchen (3) geschlossen (4). Die Oberlängen von d und h können wir einfach gerade oder über eine ganz enge Schlingenbewegung herunterführen (5). Ist die Schlinge nicht beim Schreiben schon zugelaufen, wird sie

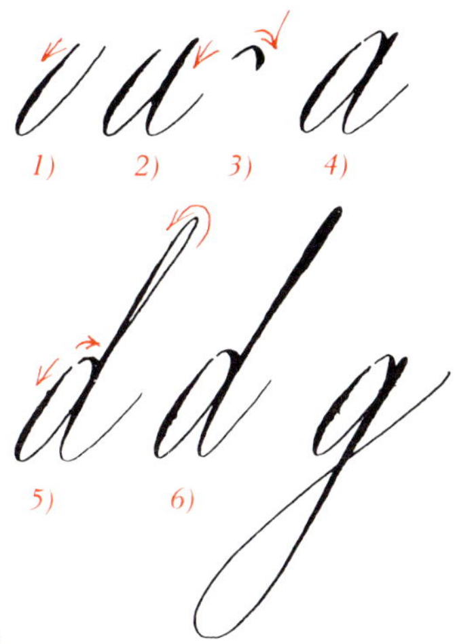

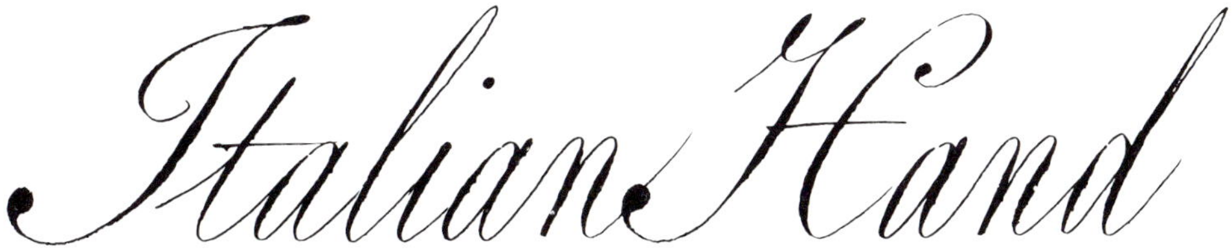

anschließend ausgefüllt (6). Ähnlich bei den Alternativformen von M und N.

Die »Schwimmhäute« in den Schleifen von f, k, l, ß – analog bei den Unterlängen – sind nicht nur formale Spielerei, sondern eine trickreiche Korrekturmöglichkeit. Gerät die Haarlinie dort zu zittrig, können wir durch einen vorgetäuschten Federdruck verbessern. Aber auch das muß mit Geschick passieren. Daraus eine Masche zu machen, wäre albern.

Diese letzte Schreibschrift verlangt einen sehr behutsamen, im Vergleich zur Anglaise leichten Federdruck. Sie ist darum vielleicht etwas angenehmer zu schreiben. Um bei beiden zu brauchbaren Ergebnissen zu kommen, benötigen Sie viel Ausdauer. Lassen Sie sich durch die vielen Vorschriften aber nicht Ihre Unbefangenheit nehmen. Üben Sie fleißig und geben Sie nicht nach den ersten verunglückten Buchstaben auf. Schreiben

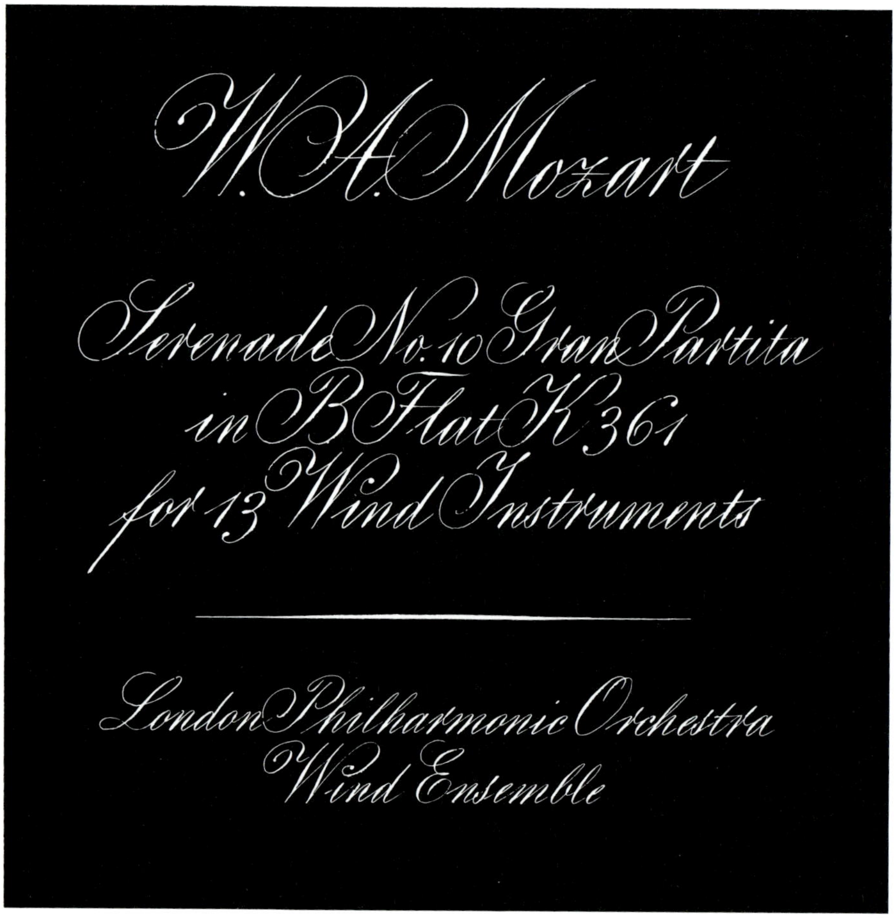

Die Anglaise negativ, d. h. weiß auf dunklem Grund zu schreiben, setzt sie besonders effektvoll in Szene.

(Alle 3 Beispiele auf 50% verkleinert.)

Sie beharrlich ein Blatt zu Ende und warten Sie, bis es sich »beruhigt«. Denn tatsächlich läßt sich der kritische Intellekt, der beim Schreiben überwiegend auf die Einzelform fixiert ist, am Ende durch den Gesamteindruck wieder zerstreuen.

Was winselt und wedelt der zottige Gesell?
Was glimmert schwarz Katers Auge so grell?
Was heulen die Weiber mit fliegendem Haar?
Was lullt mir Frau Amme mein Wiegenlied gar?

3.5 Die Komposition

Die hochgezüchteten Spitzfederschriften sind von einem starken kalligrafischen Ehrgeiz geprägt und wirken in Wortbildern schon recht aufgeputzt. Im Textverbund tritt das ornamentale Wesen immer weiter in den Vordergrund, und zwar um so mehr, je dichter die Zeilen dann zueinander stehen, je verwobener das Arrangement erscheint.

Im Beispiel Seite 54 sind die Zeilen sehr eng aufeinander geschrieben und in verschiedenen Gruppen auf Mittelachse angeordnet. Der Kopf unseres Schriftstücks ist wichtiger als sein Fuß. Unser Hauptaugenmerk liegt immer oben, Schriftgrößen werden also von oben nach unten kleiner. Natürlich mit einem gewissen Spielraum, denn die sinngemäße Gliederung darf darunter nicht leiden. Das optische Gewicht insgesamt sitzt auf einem guten Schriftblatt jedoch immer oben.

Mehr als drei Schriftgrößen sind selten nötig. Halten Sie sich möglichst an diese goldene Regel. Viele oder ständig wechselnde Schriftgrößen sind oft der Grund für ein schwaches Ergebnis. Mehr Ausdruck erreichen Sie mit wenigen, aber klar abgestuften Größen. Die Buchstaben jeweils um ein Drittel in ihrer Größe zu unterscheiden, ergibt ein gesundes Verhältnis.

Im Kontrast zum bewegten Linienspiel der Schrift hebt sich die streng gezogene englische Linie als gliederndes Element ab. Sie können dazu ausnahmsweise ein Lineal (mit Tuschekante!) benutzen.

Die Komposition soll – bei allem Gestaltungswillen – klar und natürlich aussehen. Die Proportion der Buchstaben darf darum auch nie verändert werden, um eine willkürliche Zeilenbreite zu erzwingen.

Versuchen Sie grundsätzlich, die Kraft einer Schrift auszuschöpfen, bevor Sie nach Dekorationsmitteln greifen. Das Kalligrafieren ist die intensivste Art, sich mit der Schriftkunst zu beschäftigen; so wird Ihnen eindringlich bewußt werden, daß der wahre Adel auf einer fast arroganten Schlichtheit beruht. Grandiose Schwünge und Schnörkel sind erst mit viel Übung zu meistern, aber sie sind dennoch nicht der Gipfel des Könnens. Im treffsicheren Akzentuieren zeigt sich jede Virtuosität.

ganz
herzliche
Glückwünsche
zum
Geburtstag
von
Sabine
und
Helmut
und
Mister
Vang!

3.6 Zur Ornamentik

Schon in den mittelalterlichen Skriptorien (Schreibstuben) war die Buchornamentik beliebt. Anspruchsvolle Texte wurden mit Randleisten eingefaßt, Initialen aufwendig ausgeschmückt. Jede Epoche hatte ein mehr oder weniger großes Faible für ornamentierte Schriften, Schwünge und Zierate. Während im Klassizismus noch ein relativ nüchterner und kühler Stil vorherrschte, kam es im 19. Jh. zu einer unerfreulichen Überwucherung. Die Ornamentik verfiel unter dem Einfluß der neuen Technik der Lithografie zur niveaulosen Massenware.

Unserem Zeitgeist entsprechen da eher die klassizistischen Ideale. Es wäre vermessen mit den Vorlagenbüchern jener Zeit zu wetteifern. Viel-

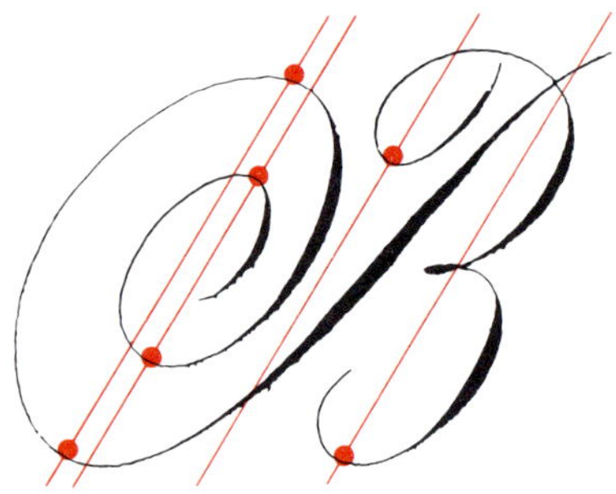

Die Spirale kann sich noch weiter eindrehen, soll sich aber, ähnlich wie die Feder eines Uhrwerks, von innen nach außen aufspannen. Die Linien schwellen bei jeder Abwärtsbewegung an.

Frei geführte Schwünge leiten sich nach dem bekannten Prinzip von Form und Gegenform ab. Anders als der neutrale Zirkelschlag hat das Oval Spannungspunkte. In einer organisch geführten Spirale sind sie alle an einer Achse ausgerichtet. Biegt sich das Oval zum Schwung auf, so verschieben sich auch die Spannungspunkte. Wir können das Geheimnis eines elegenten Schriftschwungs ergründen, wenn wir seine Spannungspunkte ausmachen.

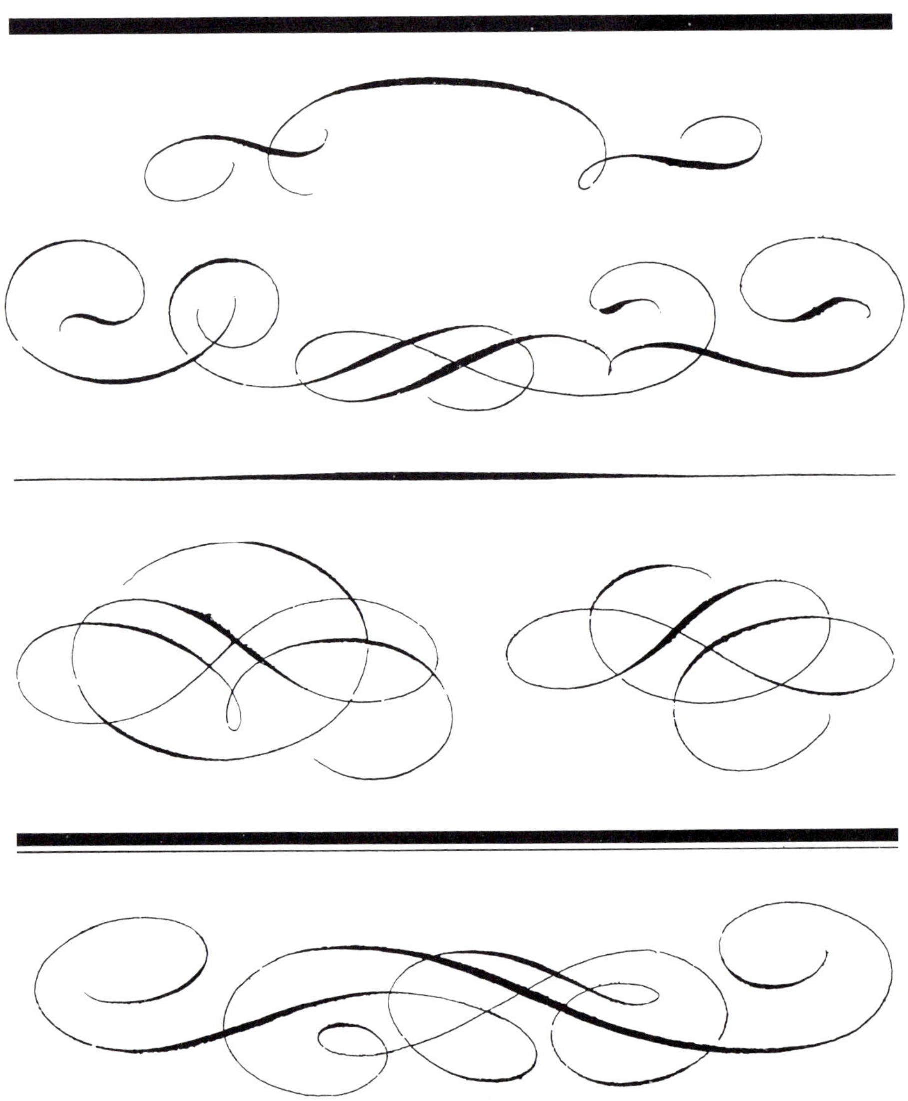

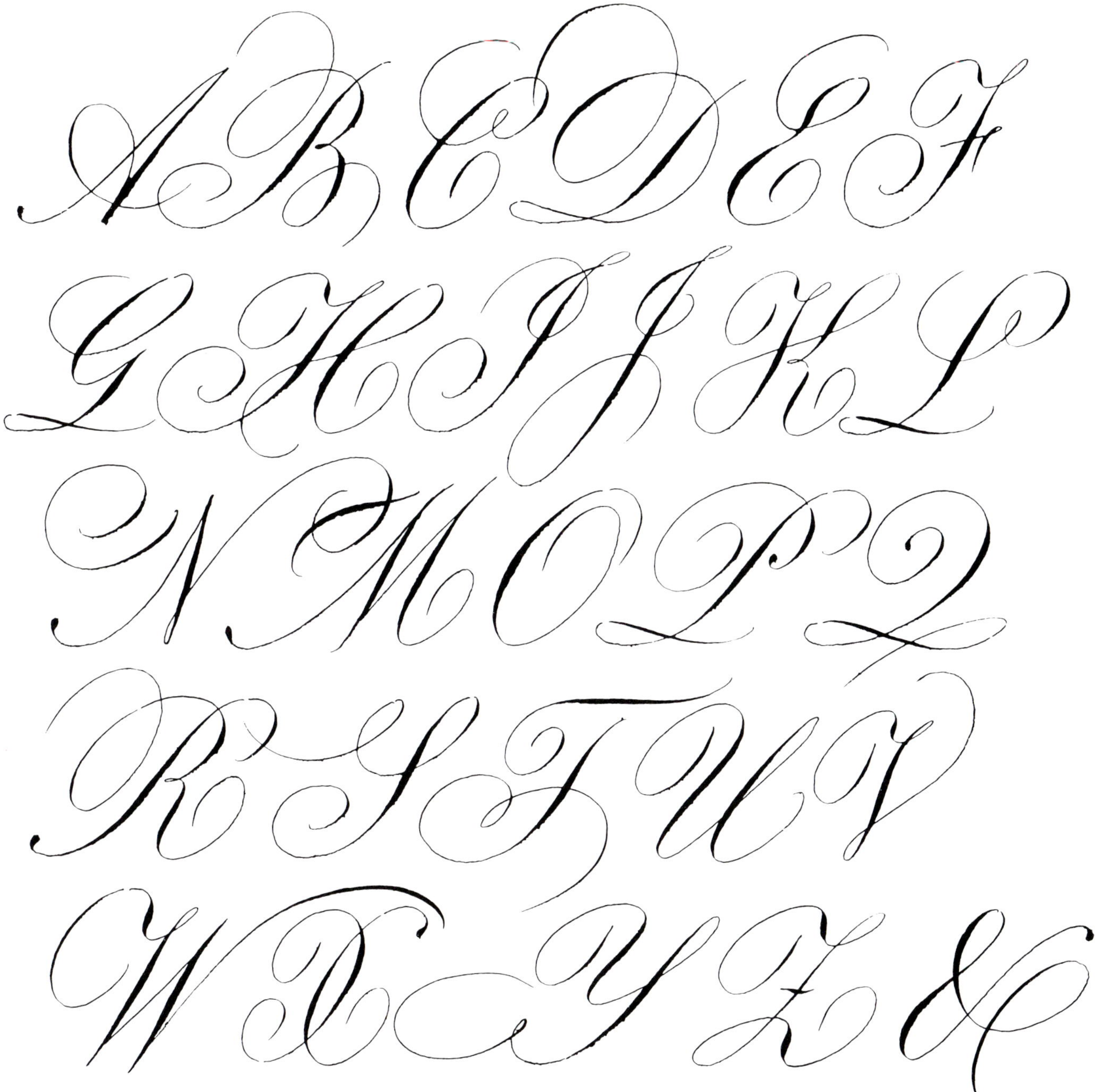

mehr habe ich stellvertretend für die zahllosen und phantasievollen Gebilde ein paar Ornamente nachgeschrieben. Sie dienten zum einen als Worteinfassung, zum anderen als Vignette, beispielsweise am Ende eines Kapitels. Vorgefertigte Teile sind dem Kalligrafen eigentlich ein Greuel. Sie können also lediglich eine Anregung sein. Natürlich müssen wir Ornamente dann selbständig ausarbeiten, auf den Schriftzug abstimmen oder aus ihm heraus entwickeln (wie im Beispiel Seite 51). Dagegen lassen sich fette, feine und englische Linien sowie die klassizistische Doppellinie fett/fein zeitlos unproblematisch verwenden.

Zum Abschluß des Vorlagenteils ein Alphabet besonders schöner Schmuckversalien.

4 *Freies Kalligrafieren*

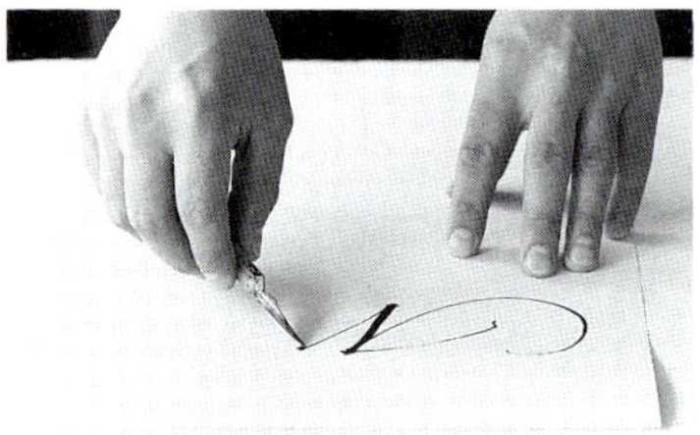

In diesem Kapitel werden keine Vorlagen mehr nachgeschrieben. Von nun an bestimmt Ihre geübte Hand die Schrift, deren Charakter und Duktus. Wenn die Beispiele auch zum Teil sehr „handschriftlich" anmuten, es leitet sich dennoch alles von den klassischen Schreibschriften ab.

Über Jahrhunderte galt die Humanistische Kursiv als Vorbild für eine gute persönliche Handschrift. Was heute an unseren allgemeinbildenden Schulen gelehrt wird, ist ein jämmerlicher Rest, der kaum jemandem zu einer ausgereiften Handschrift verhelfen kann.

Wir wollen weitere Schreibwerkzeuge ausprobieren. Bevor die Stahlfedern aufkamen, schrieb man überwiegend mit Rohr- und Vogelfedern. Grundsätzlich könnten wir alle erlernten Schriften damit exakt nachschreiben. Andererseits animieren diese Materialien zum spontanen Umgang, bei dem wir unserem Gestaltungsdrang freien Lauf lassen können.

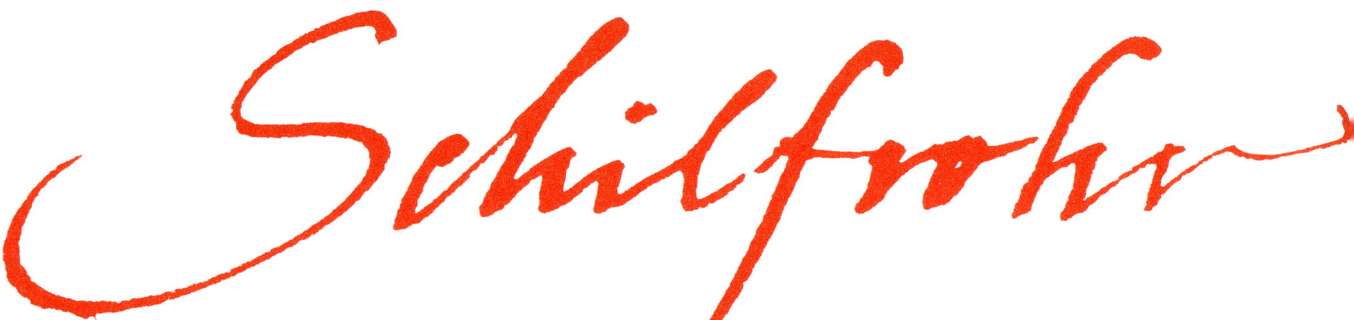

4.1 Die Rohrfeder

Schilf wächst um ruhige Gewässer, vorwiegend an Seeufern. Um daraus Rohrfedern zu fertigen, schneiden wir zuerst das Rohr in handliche Stücke. Etwa 1 cm unter dem Knoten kerben wir das Rohr mit einem scharfen Messer ein, so daß es sich glatt abbrechen läßt (1). Entsprechend dem Schema schneiden wir das Rohr halb ein (2) und schaben das freigelegte Innere sauber. Mit dem nächsten Schnitt wird das Ende abgeflacht (3). Je flacher, desto schärfer wird der Strich werden. Bevor wir den Schlitz anbringen, bohren wir ein kleines Loch vor oder brennen es mit einer

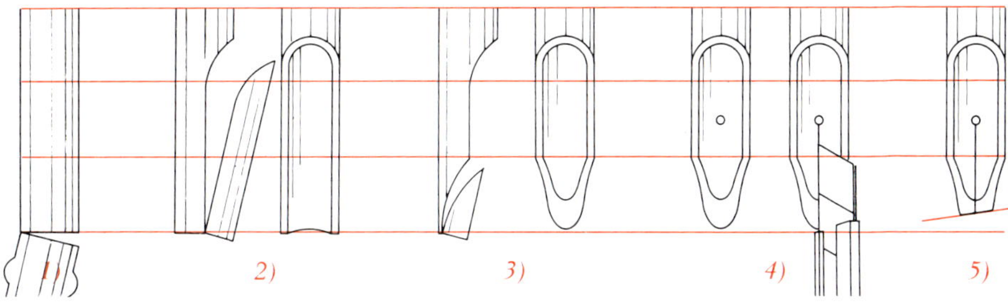

glühenden Nadel ein. So kann sich das Rohr nicht zu weit aufspalten (4). Abschließend schneiden wir die Spitze schräg oder gerade auf die gewünschte Breite (5).

4.2 Vogelfedern

Einen brauchbaren Federkiel zu ergattern, ist nicht so einfach. Wer das Glück hat einen Bauern zu kennen, welcher seinen Gänsen noch nicht die Flügel stutzt und dann noch die richtige Jahreszeit (St. Martin) abpaßt, verfügt mit dem Gänsekiel über ein wunderbar geschmeidiges und dennoch präzises Schreibmittel. Untauglich sind kleinere Federn: Es muß schon ein

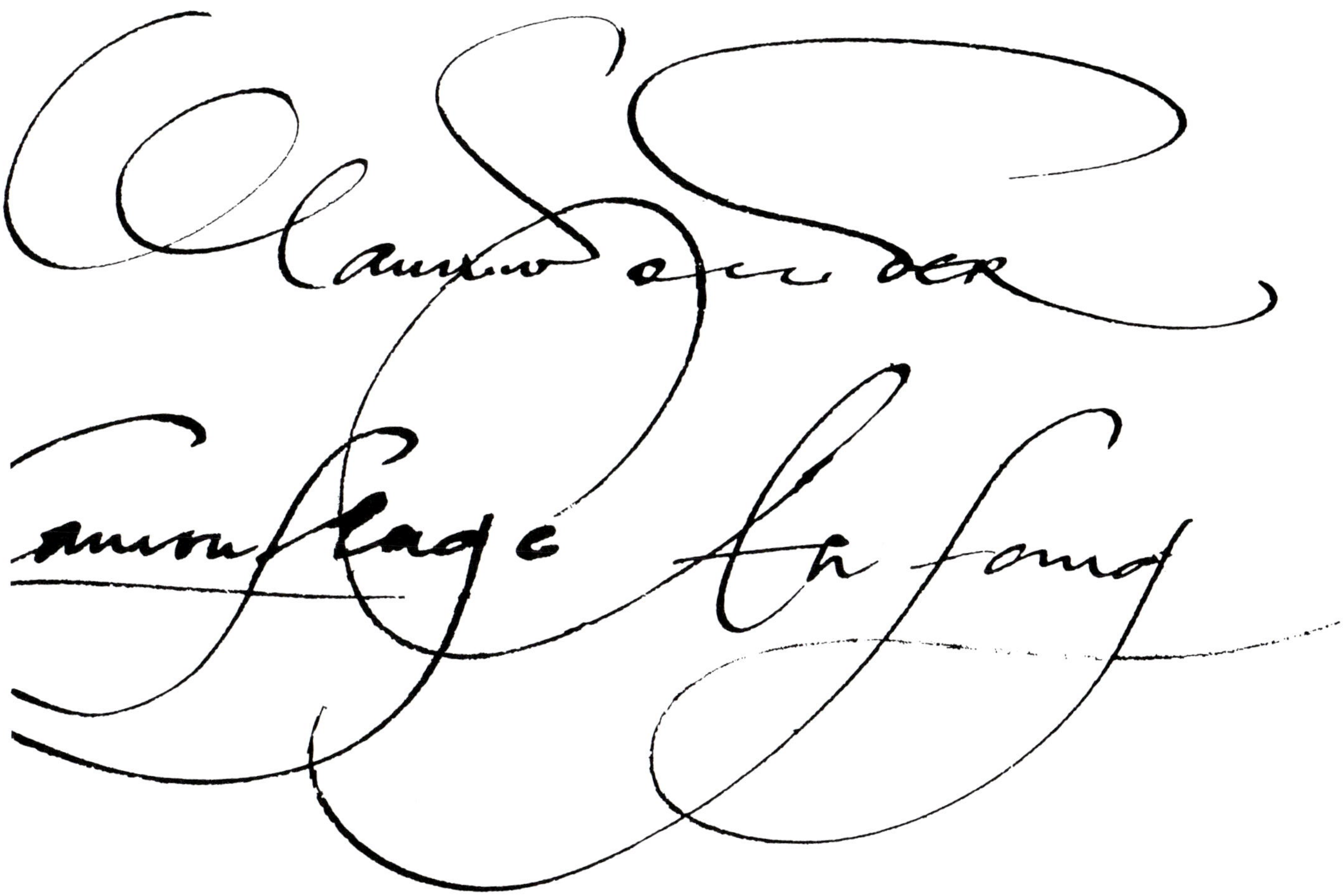

Versuche mit dem Gänsekiel: Nun könnte man die Schwünge so richtig sausen lassen. Eine derart nuancenreiche Modellation ist mit der Stahlfeder nicht zu erreichen.

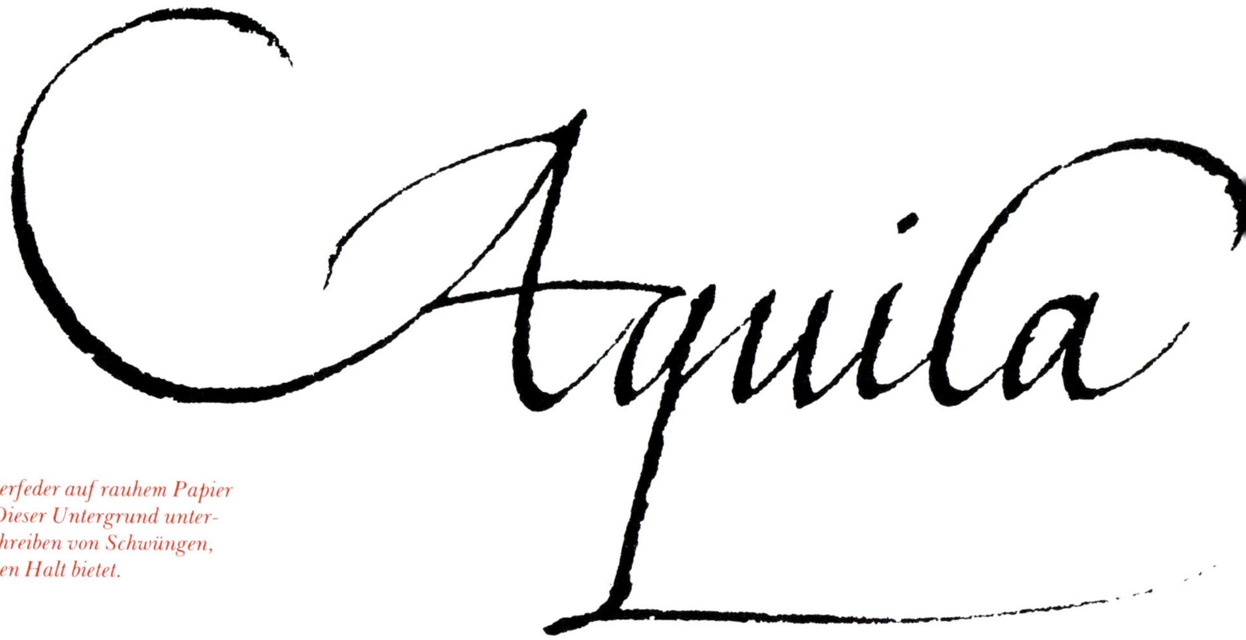

Mit einer Adlerfeder auf rauhem Papier geschrieben. Dieser Untergrund unterstützt beim Schreiben von Schwüngen, da er sehr guten Halt bietet.

fester Kiel von respektabler Größe sein, der ähnlich in der Hand liegt wie ein Federhalter. Rabenfedern gehören zwar auch noch zu den kleineren, jedoch läßt sich mit ihnen schon leidlich experimentieren. Jedenfalls sind sie am leichtesten aufzutreiben. Etwas ganz besonderes sind Greifvogelfedern, als Prachtstück darunter die Adlerfeder. Aber man muß sich sehr ernsthaft um sie bemühen. Vielleicht wird Ihnen ein Zoo oder eine Vogelwarte weiterhelfen. Das kostbare Stück soll dann sensibel zugeschnitten werden.

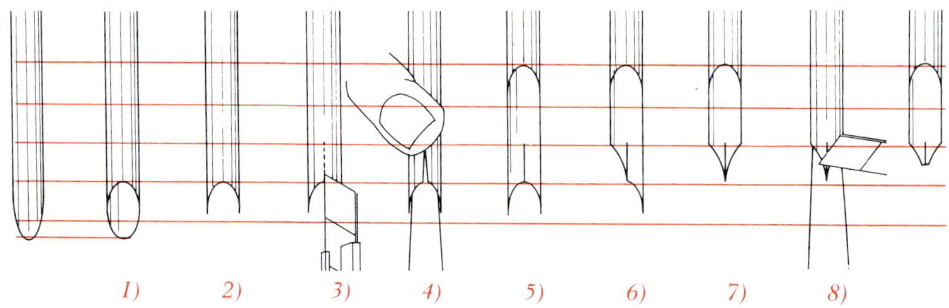

Zuerst den Kiel glattschaben, dann oben (1) und unten (2) mit einem scharfen Messer schräg aufschneiden. Vorsichtig eine Spur vorritzen und den Kiel knapp aufspalten (3). Nun einen runden Stift oder einen anderen Kiel hineinschieben, damit der Schlitz sanft und nicht zu weit aufspringt (4). Danach – ähnlich wie bei der Rohrfeder – einen gleichmäßigen Schnabel zuschneiden (5/6/7). Zum Schluß die Spitze auf die gewünschte Breite, gerade oder schräg, kappen (8). Ist der Spalt nicht exakt in der Mitte, müssen Sie von den Seiten etwas nacharbeiten. Damit die Tinte gut am Kiel haften bleibt, sollten Sie ihn mit Seifenwasser entfetten.

Naturfedern formen einen sehr lebendigen Strich. Aus einer durchtränkten Kante lassen sich weitaus längere Haarlinien ziehen, als das mit der Stahlfeder möglich ist. Dafür müssen wir nach wenigen Buchstaben schon nachtanken. Falls Sie erfinderisch sind, werden Sie sich passende Über- oder Unterfedern basteln. Ein Gänsekiel kann schon sehr viel mehr Tinte aufnehmen, wenn Sie einen geknickten Kartonstreifen hineinstecken und von außen mit Tesafilm fixieren.

4.3 Der Breitpinsel

Auch mit dem Breitpinsel könnten wir die klassischen Breitfederformen nachschreiben. Der breite Pinsel tritt da in Aktion, wo die Feder nicht mehr

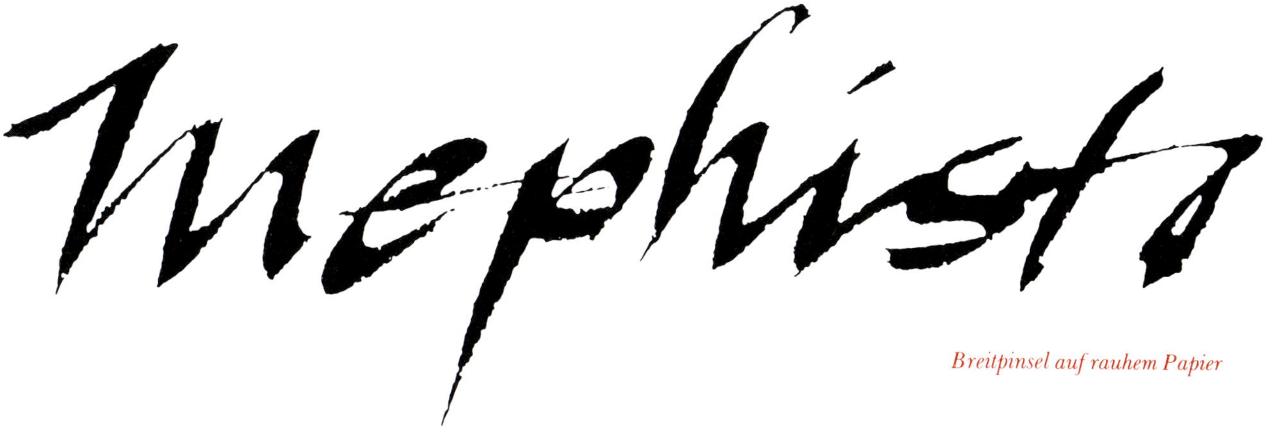

Breitpinsel auf rauhem Papier

einsatzfähig ist: Bei der Beschriftung von Schildern, Fassaden und beim Vorschreiben von Inschriften, wie schon bei den Römern üblich.

Pinsel können aber auch in sehr heftiger Schreibweise geführt werden. Zum Vergleich: Das Wortbild Aquila ist sehr konzentriert und mit Bedacht in rund einer Minute geschrieben. Der Mephisto in ca. 10 Sekunden. Diese spontane Umsetzung ist längst nicht so sicher zu steuern und vom Wesen her viel zufälliger. Darum reicht *ein* Versuch nicht aus. Bis ein Schriftzug befriedigt, wird viel Papier verbraucht.

4.4 Spitzpinsel und Bambusfeder

Der spitze Pinsel folgt nicht allein einer schnellen, sondern vor allem einer tanzenden Bewegung, die locker aus dem Handgelenk oder Unterarm kommt. Je leichter ein Instrument geführt wird, desto mehr hebt sich die Hand vom Papier ab. Nur noch die Spitze des kleinen Fingers hält ein wenig Kontakt. Wir regulieren den Duktus wie bei der Spitzfeder durch leichten Druck. Im schnellen Schreiben werden sich die Haare des Pinsels in die Bewegung hineinlegen und zusätzlich den Strich modellieren.

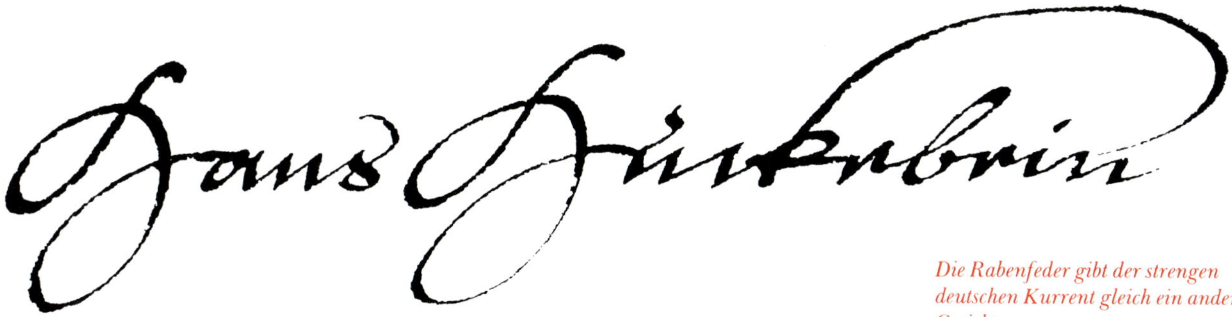

Die Rabenfeder gibt der strengen deutschen Kurrent gleich ein anderes Gesicht.

Die spröde Bambusfeder hat nichts von der Schwerelosigkeit des Pinsels. Wir müssen sie fest in die Hand nehmen, beim Schreiben drücken, verkanten, ja regelrecht übers Papier schrubben, um diese interessanten Kleckseffekte zu erzielen. Doch gehört sie mit ihrem bewußt manipulierten Duktus gleichermaßen zu den entfernten Spitzfederverwandten. Die Bambusfeder wird nicht mehr wie ein Federhalter gehalten (siehe Abbildung Seite 58), sondern so, daß sie mit dem Daumen leicht gerollt und dadurch spitz und breit geführt werden kann. Auf die Spitze gestellt ergeben sich feine Linien, und flach aufs Papier gedrückt fette Balken.

Da Bambusfedern auch gern zum Zeichnen verwendet werden, sind sie ohne weiteres als Künstlerbedarf im Handel erhältlich. Sollten Ihnen diese harten Materialien liegen, dann probieren Sie weiter mit einfachen, spitz oder breit zugeschnittenen Hölzern oder Furnieren, Karton- und Pappstreifen.

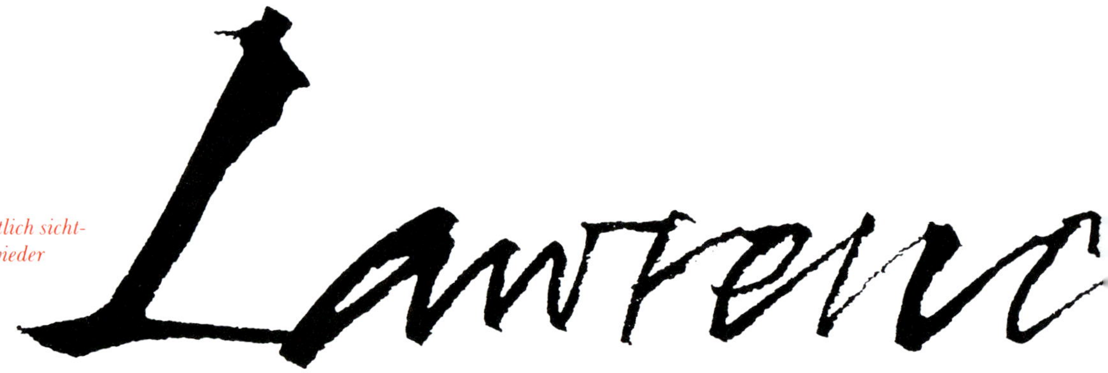

In dieser Plakatschrift ist deutlich sichtbar, wann die Bambusfeder wieder nachgefüllt wurde.

4.5 Farben und Papiere

Bislang sind alle Beispiele im harten Schwarz-Weiß, also ohne jene Halbtöne wiedergegeben, die den leicht unregelmäßigen Tintenfluß erkennen lassen. Sie sind das Kennzeichen der Originalkalligrafie. Schwarze Tinte, mit Wasser verdünnt, verursacht dann entsprechende Grautöne mit zarten Verläufen und fleckigen Schattierungen. Solche Effekte bieten sich besonders bei plakativen Buchstabengrößen an. Die Striche brauchen ein gewisses Volumen, damit sie als modulierte Fläche auffallen. Wir können die Form auch etwas fetter schreiben. Grundsätzlich sind fette Schriften aber Schöpfungen der Werbung und Publizistik und in der Kalligrafie lediglich von experimentellem Wert.

Wir wollen unsere Schriftblätter nicht ausschließlich formal, sondern auch farbig gliedern. Transparente Farbtinten und -tuschen oder Aquarellfarben sind auf hellen Papieren am eindrucksvollsten. Abhängig von ihrer Verdünnung entstehen diese duftigen Lasurtöne. Ein kurioses Naturprodukt ist Sepia, die aus dem Beutel des Tintenfisches gewonnen wird. Sie

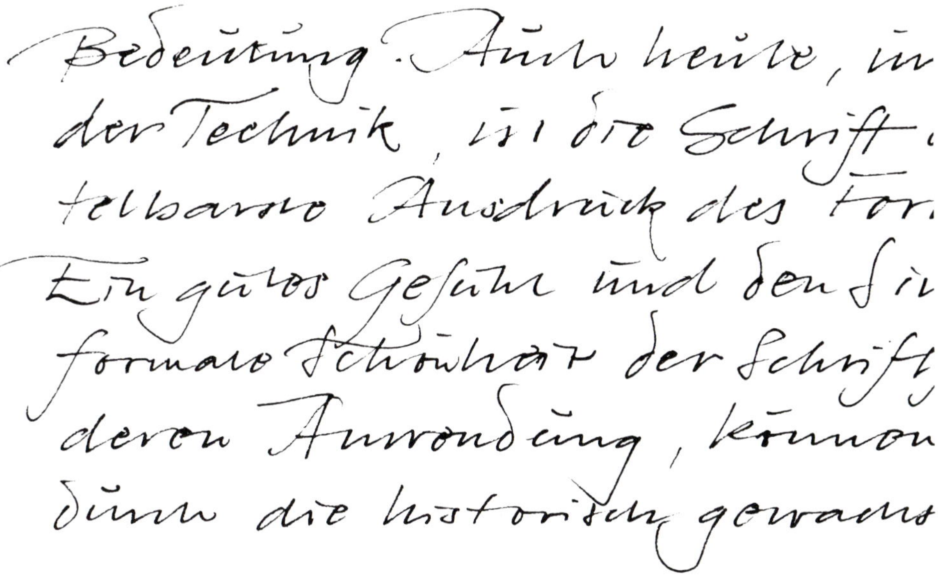

Sich von der eingeübten Form zu lösen, fällt manchem nicht leicht. Nehmen Sie einen normalen Füller oder feinen Filzstift und schreiben Sie sehr schnell und bewegt.

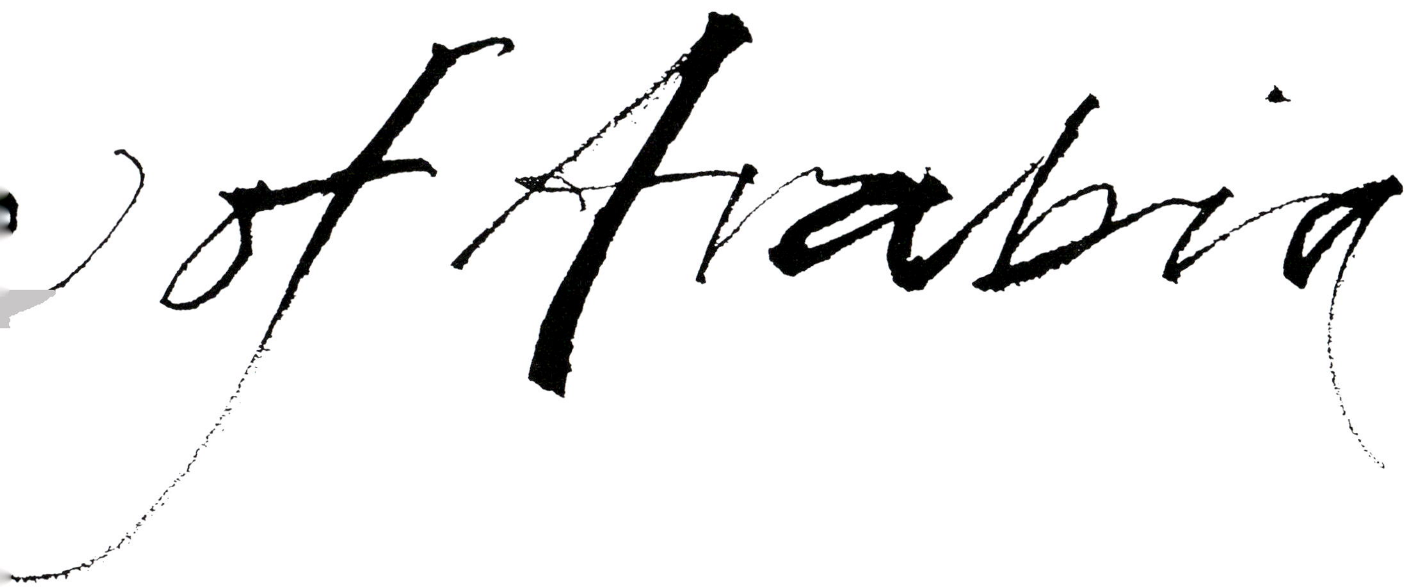

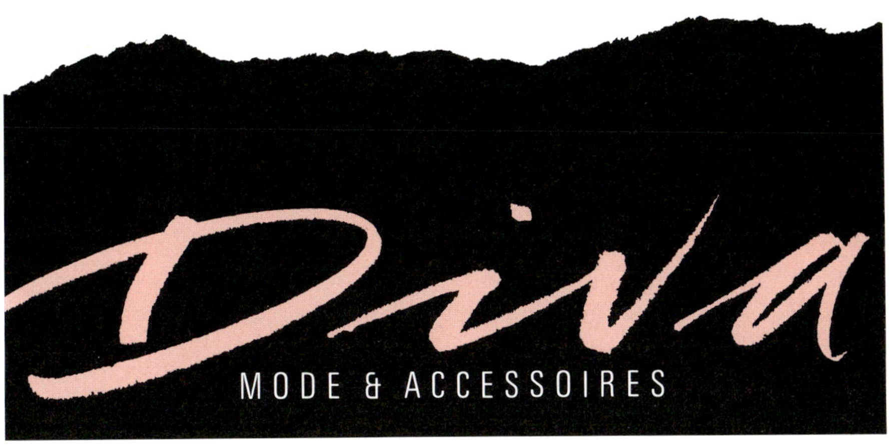

Lebhafter Spitzpinsel-Schriftzug und gesetzte Druckschrift in Kombination auf einer Tragetüte.

riecht etwas unangenehm, überrascht aber mit unberechenbaren Farbnuancen von grünlich, bläulich bis bräunlich. Satt aufgetragene Sepia wird durch abtupfen braun.

Dunkle Untergründe verlangen deckende Tempera, Gouache oder Plakatfarben. Damit sie gut aus der Feder fließen, müssen ihre Pigmente, das Farbpulver, lange genug einweichen. Am besten die Farben nach dem Anrühren ca. eine Stunde – unter Verschluß, damit sie nicht austrocknen – stehenlassen, und vor dem Arbeiten dann wieder nach Bedarf verdünnen. Auch deckende Farben lassen je nach Konsistenz das Papier durchschimmern.

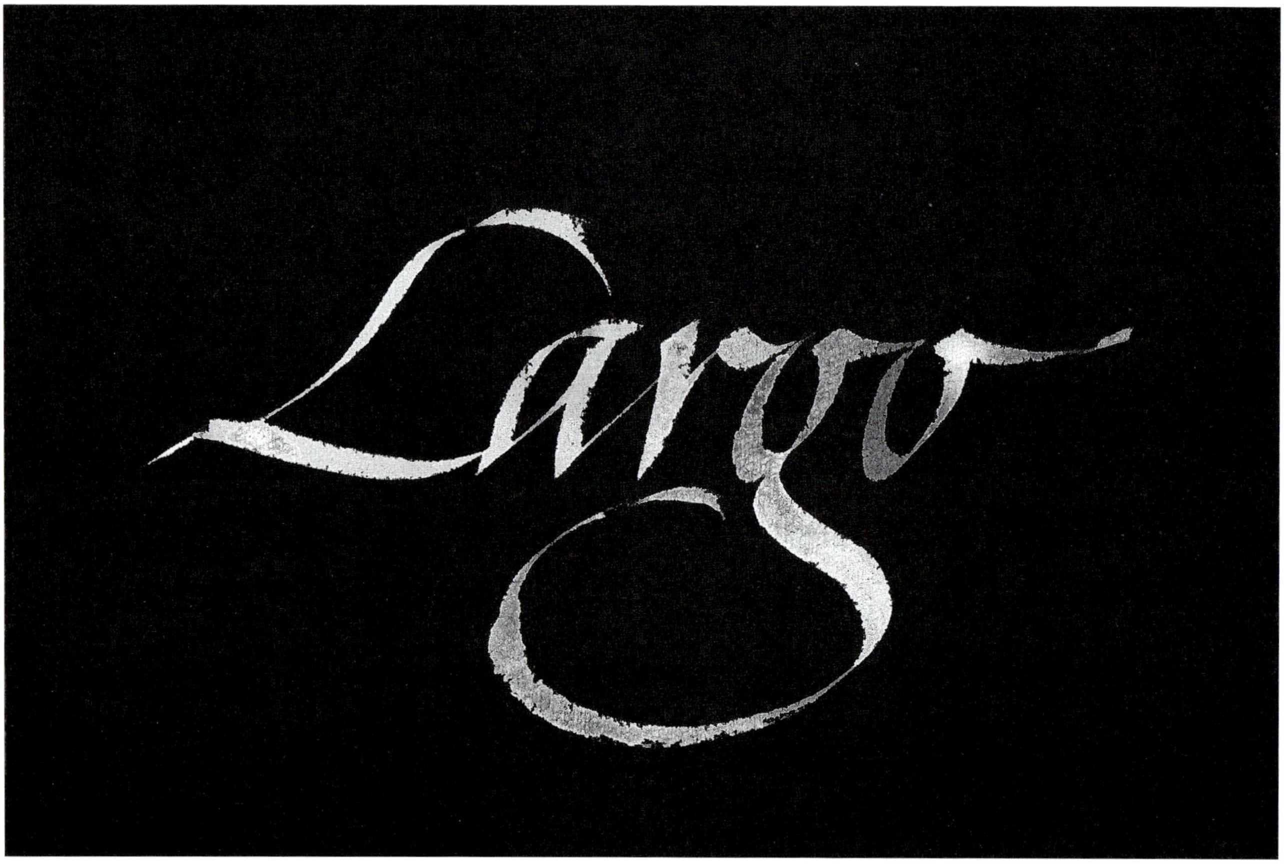

Verdünntes Deckweiß mit Spatel auf schwarzem Ingrespapier.

Wie sich die unterschiedlichen Schreibflüssigkeiten verhalten, hängt zudem von der Materialdichte und der Oberfläche des Schreibuntergrundes ab. Auf saugenden Papieren trocknen Farben meist schnell und gleichmäßig auf, fest geleimte Papiere lassen eher kleine Pfützen entstehen. Testen Sie vorher, ob die gewählte Farbe nicht unkontrolliert ausläuft. Eventuell läßt sich das verhindern, indem Sie etwas Gummi arabicum beimischen. Übrigens: Die Experten nehmen zum Anrühren und Verdünnen grundsätzlich destilliertes Wasser.

Spitzpinsel und farbige Tinte auf getöntem Ingrespapier

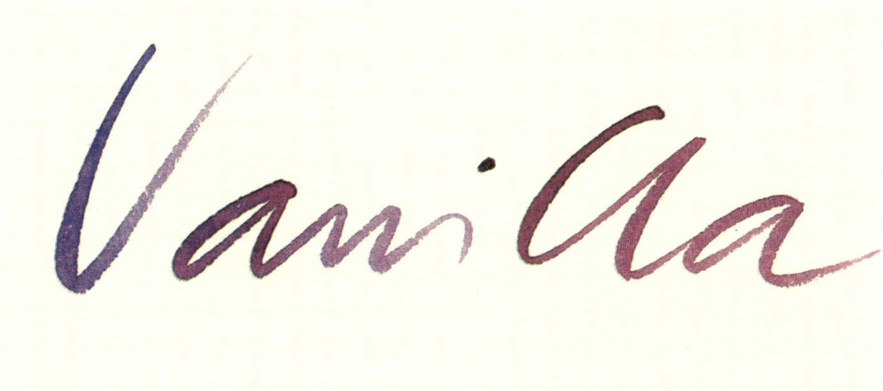

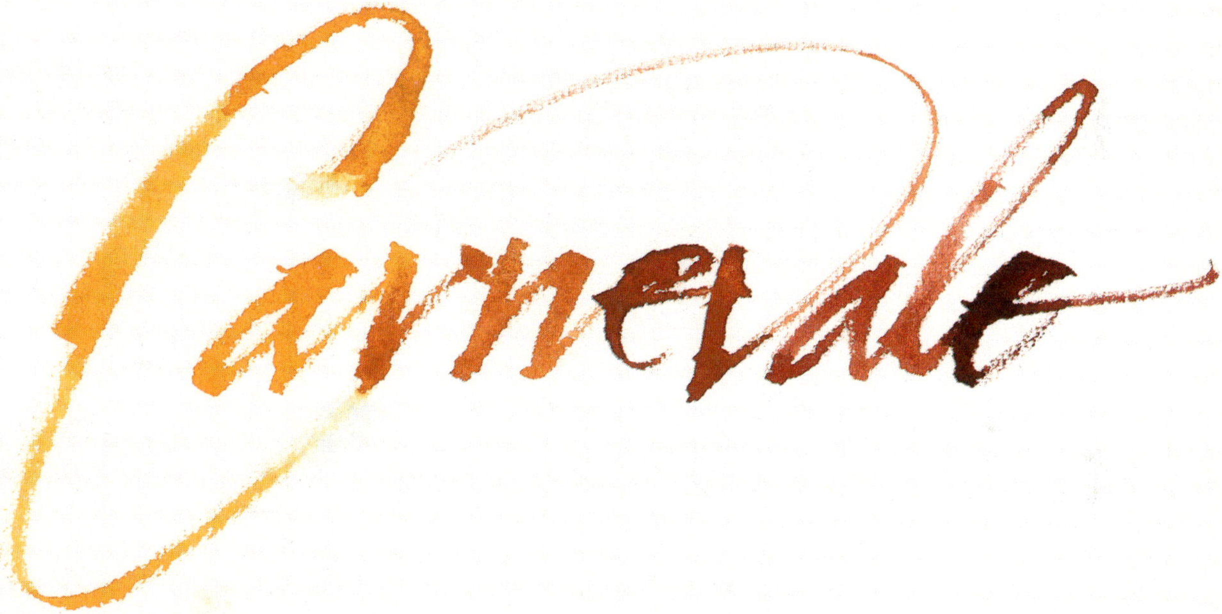

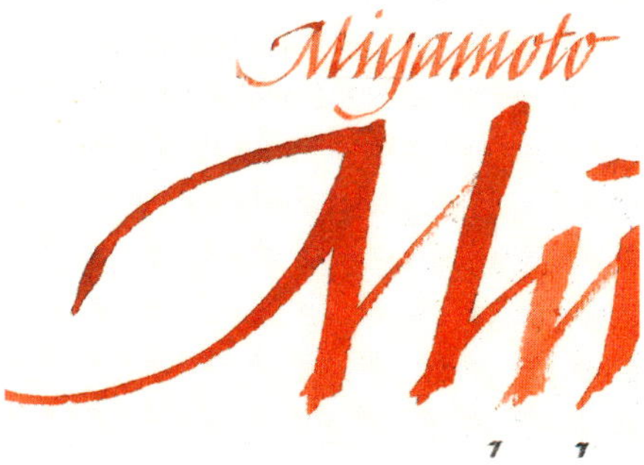

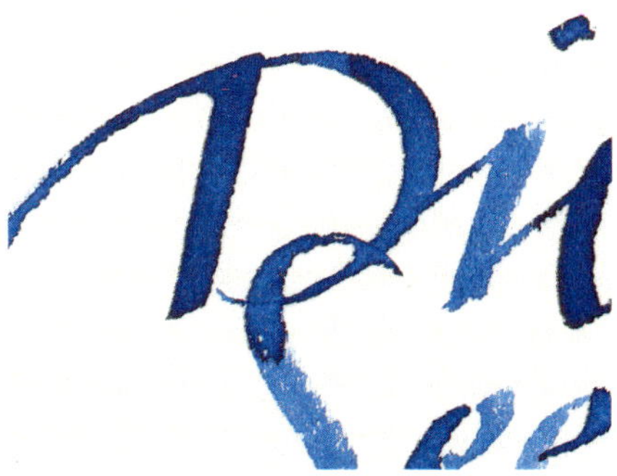

Oben: Die Bambusfeder wurde nacheinander mit vorgemischten Aquarellfarben gefüllt. Details unten: Rohrfeder mit roter Tusche und königsblauer Tinte. Alles auf getöntem Ingrespapier.

Die Papieroberfläche bestimmt die Randschärfe des Striches. Rauhes Papier läßt die Konturen mehr oder weniger aufreißen.

Struktur und Tönung sind nicht bloße Materialeigenschaften, das Papier nicht allein der Hintergrund für das Geschriebene. Ein mit Geschmack ausgesuchtes Papier schmeichelt nicht nur dem Auge, sondern auch dem Tastgefühl und macht als gestaltete Fläche auf sich aufmerksam.

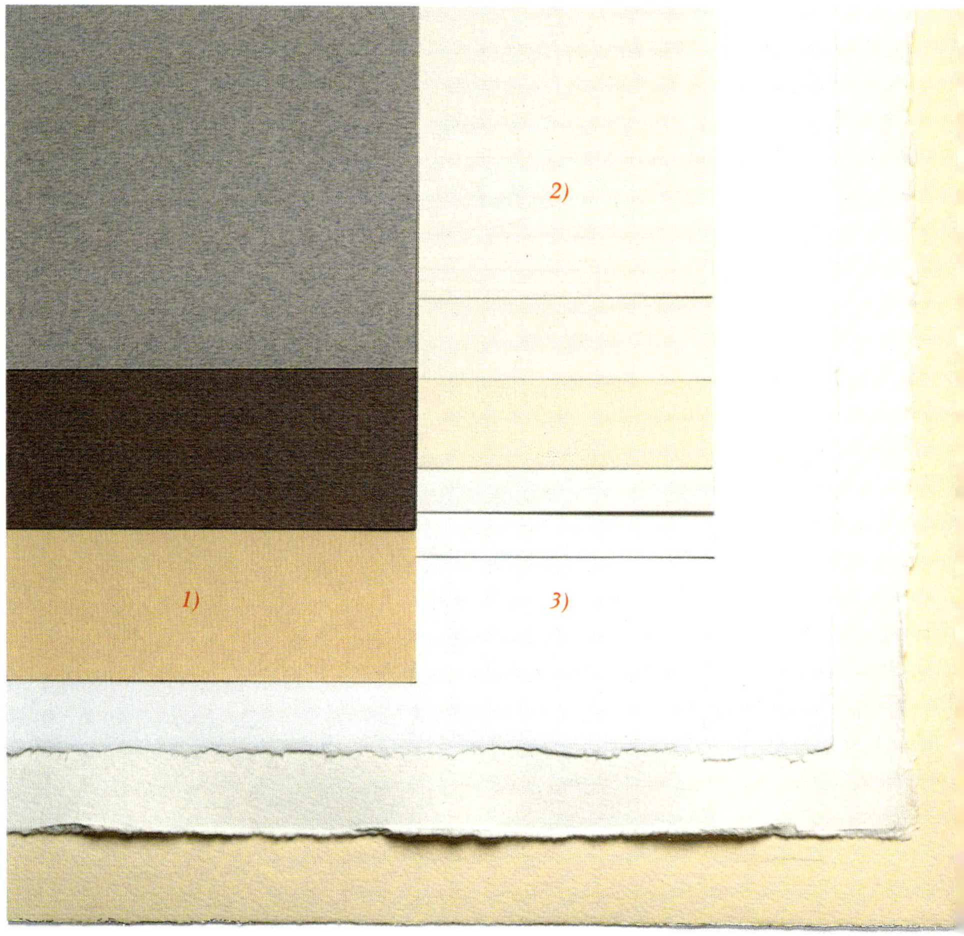

1) Französischer Pastellkarton, 2) Aquarellkarton von Fabriano, 3) Büttenkarton, 4) Ingrespapier, 5/6) Maschinenbütten von Fedrigoni, 7/8) Maschinenbütten von Gmund.

Da wir unsere Originalarbeiten höchstwahrscheinlich einmal aufhängen möchten, sollten Papiere und Farben lichtecht sein. Sicherheitshalber testen wir das, indem wir ein beschriebenes Reststück teilweise abdecken und ein paar Wochen dem Licht aussetzen. Ist das Papier zudem säurefrei, kann nichts mehr schiefgehen.

Verhältnismäßig preisgünstig ist das feinstrukturierte Ingrespapier. Ein sehr leichtes, fast zartes Papier, das sich angenehm beschreiben läßt. Auf Knickfalten müssen Sie allerdings sehr achtgeben. Nehmen Sie zum Kauf schon eine Mappe mit, damit man Ihnen die Bogen nicht wie Geschenkpapier zusammenrollt. Vermeiden Sie auch direkten Kontakt mit der schreibenden Hand. Hautfett und Ausdünstungen sind schädlich.

Bütten-, Aquarell- und Pastellpapiere gibt es in mehreren Oberflächen und Gewichtsstufen. Ab ca. 200 g/m^2 sprechen wir von Karton. Handgeschöpfter Büttenkarton zählt zu den wertvollsten Schreibgründen; erkennbar am unregelmäßigen Büttenrand. Mitunter müssen wir den edlen Rand allerdings abschneiden, weil das Format nicht paßt. Dann aber bitte nicht

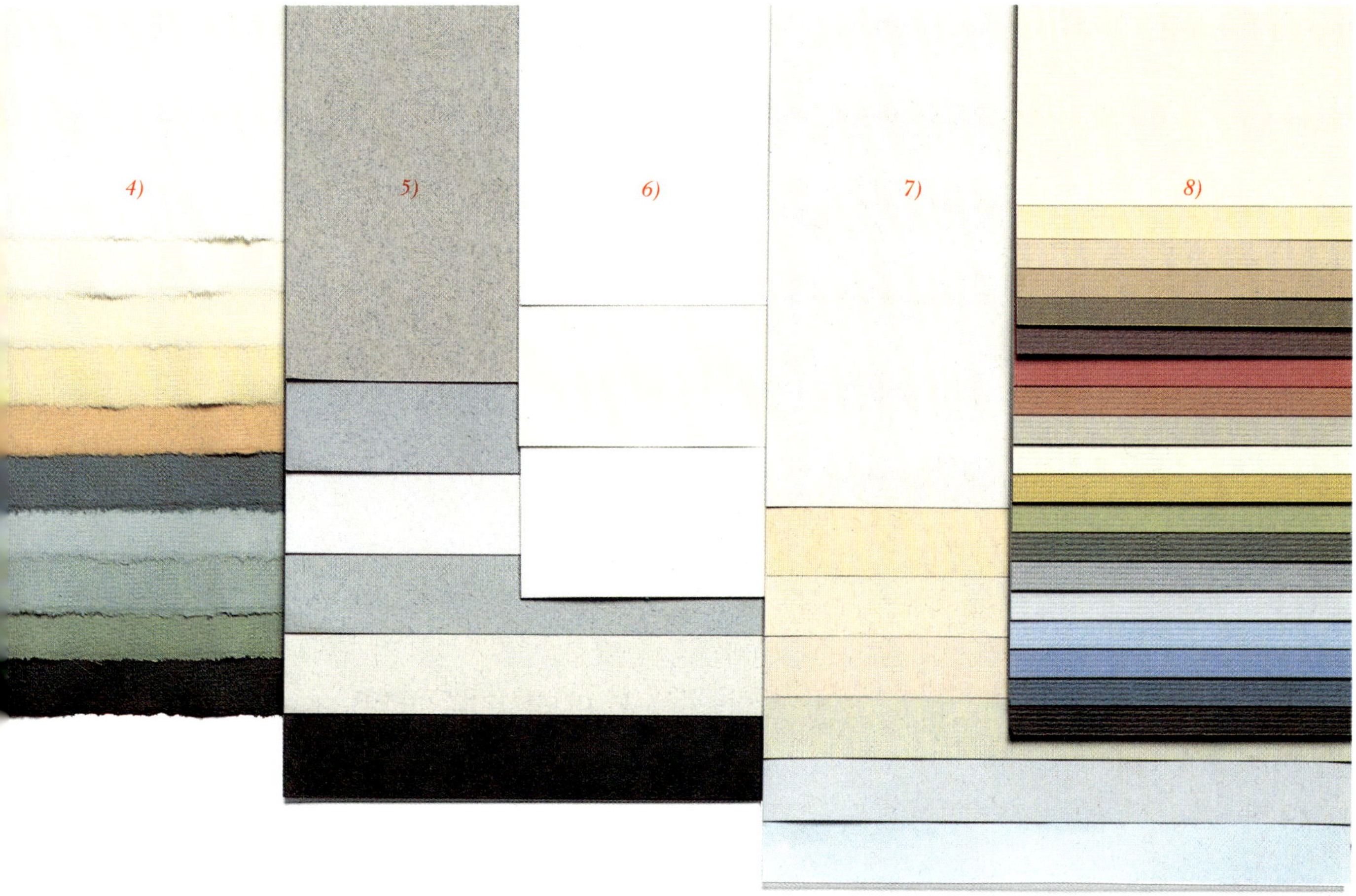

ersatzweise einen »Büttenrand« reißen! Es ist eine weitverbreitete Unsitte, doch nur überflüssige Effekthascherei. Den Idealen einer *echten* Kalligrafie widerspricht jede Imitation. Darunter fällt auch eine ausgemachte Scheußlichkeit namens Elefantenhaut, die wohl so etwas wie Pergament vortäuschen soll.

Eine imposante Auswahl gibt es unter den Druckpapieren; die einfacheren Sorten für den sogenannten Werkdruck und die hochwertigen Maschinenbütten. Gute Beziehungen zu einer Druckerei sind immer vorteilhaft. Der Markt bietet eine ganze Menge; die Abbildung kann nur einen begrenzten Einblick geben in die Welt der Farben und Strukturen.

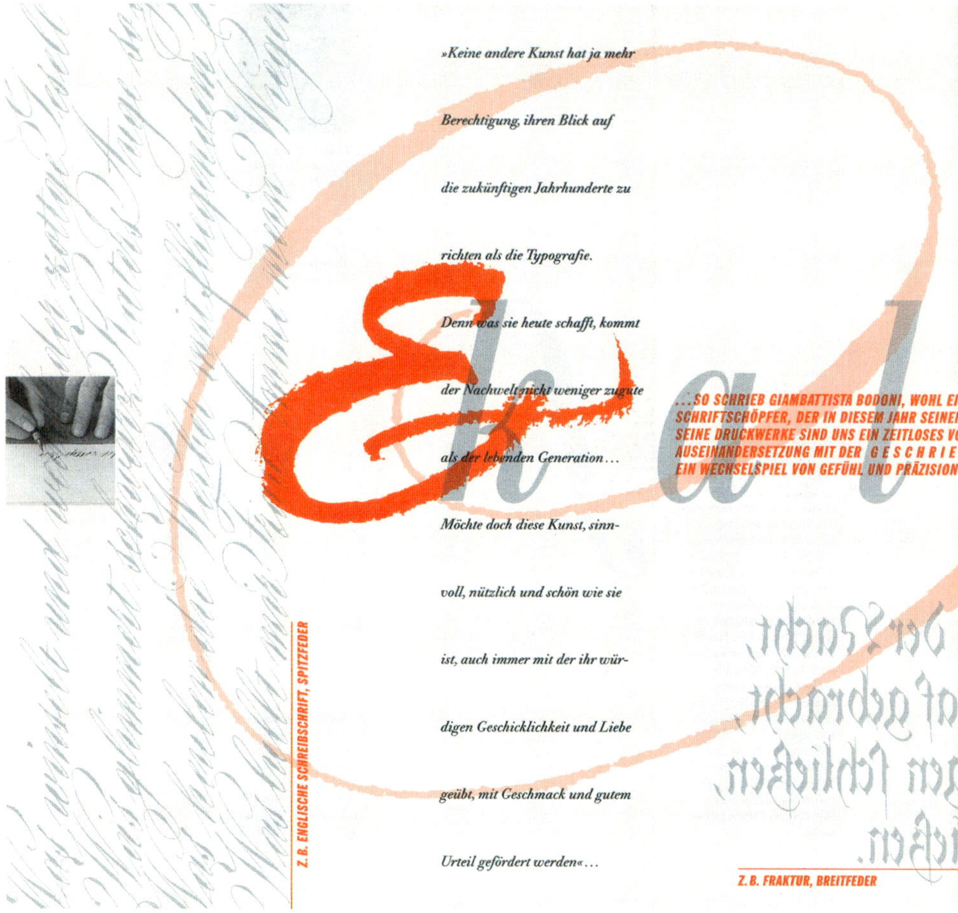

Kalligrafie als lebhaftes Element im strengen typografischen Umfeld

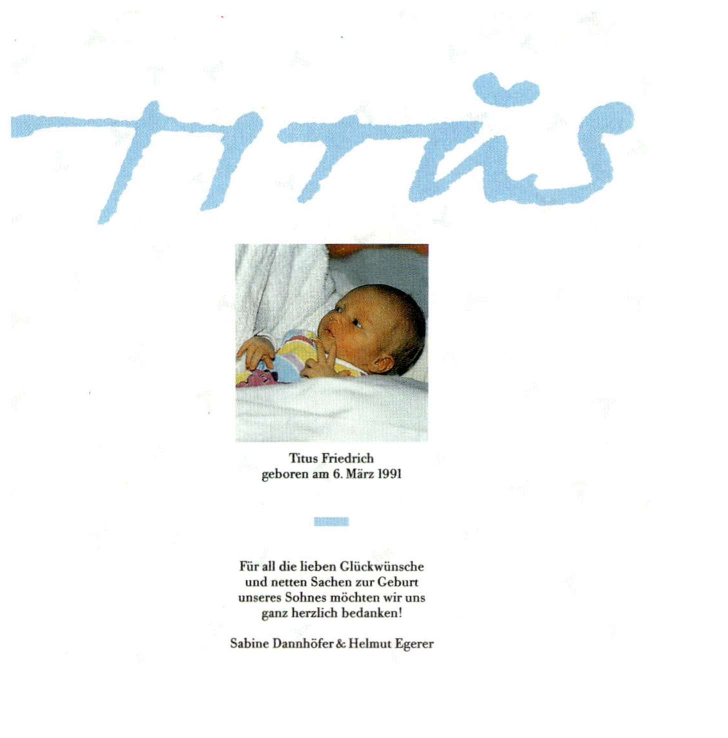

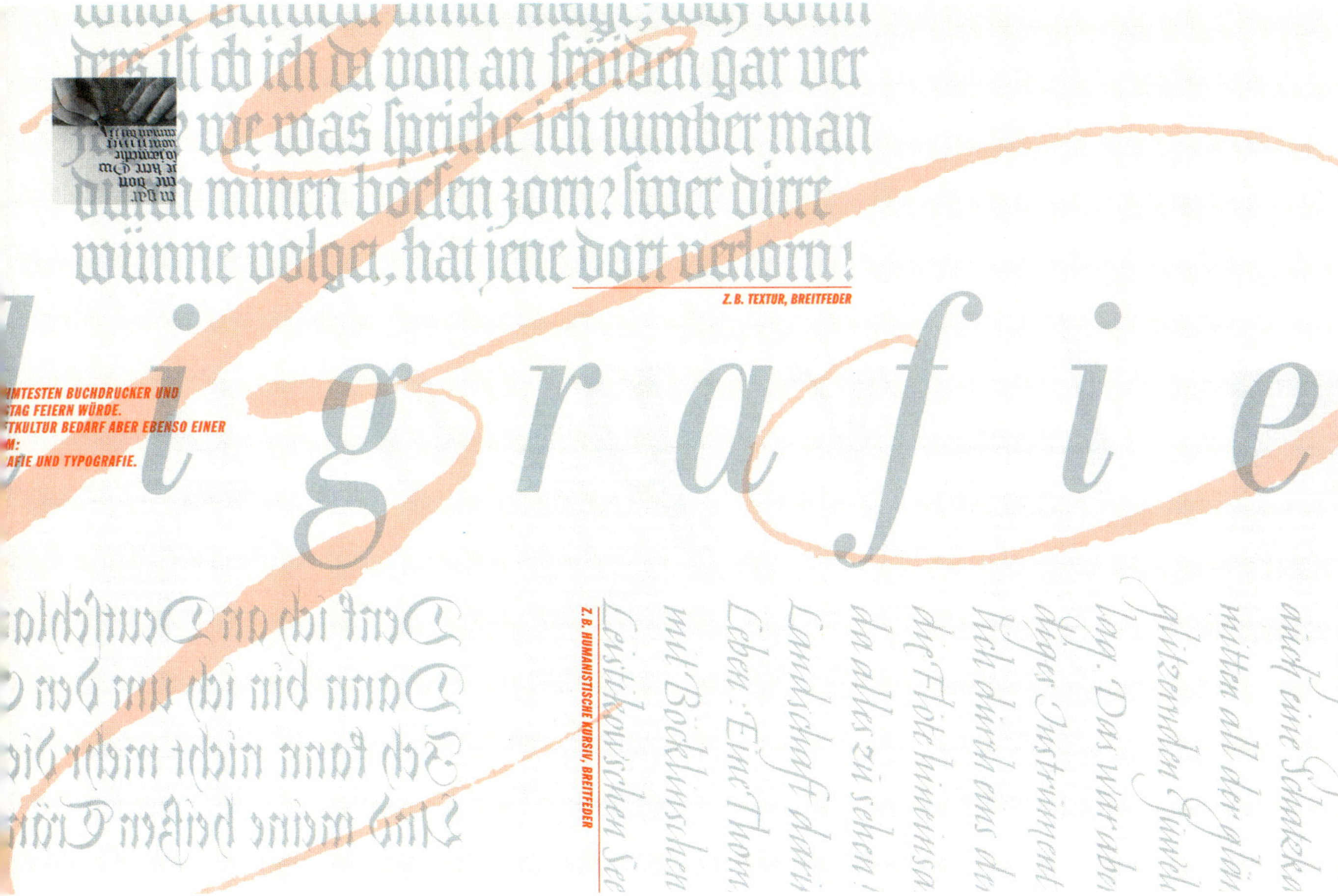

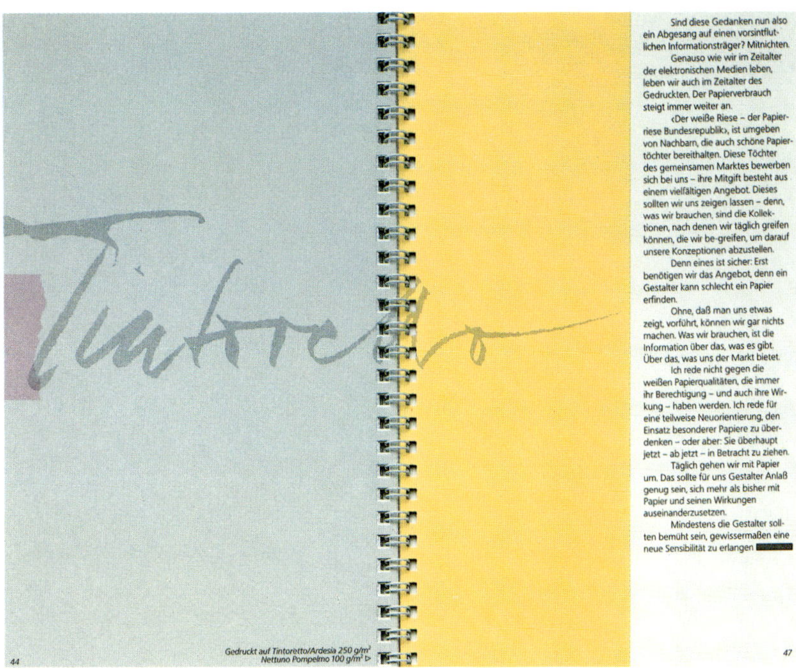

Sind diese Gedanken nun also ein Abgesang auf einen vorsintflutlichen Informationsträger? Mitnichten.

Genauso wie wir im Zeitalter der elektronischen Medien leben, leben wir auch im Zeitalter des Gedruckten. Der Papierverbrauch steigt immer weiter an.

‹Der weiße Riese – der Papierriese Bundesrepublik›, ist umgeben von Nachbarn, die auch schöne Papiertöchter bereithalten. Diese Töchter des gemeinsamen Marktes bewerben sich bei uns – ihre Mitgift besteht aus einem vielfältigen Angebot. Dieses sollten wir uns zeigen lassen – denn, was wir brauchen, sind die Kollektionen, nach denen wir täglich greifen können, die wir be-greifen, um darauf unsere Konzeptionen abzustellen.

Denn eines ist sicher: Erst benötigen wir das Angebot, denn ein Gestalter kann schlecht ein Papier erfinden.

Ohne, daß man uns etwas zeigt, vorführt, können wir gar nichts machen. Was wir brauchen, ist die Information über das, was es gibt. Über das, was uns der Markt bietet.

Ich rede nicht gegen die weißen Papierqualitäten, die immer ihr Berechtigung – und auch ihre Wirkung – haben werden. Ich rede für eine teilweise Neuorientierung, den Einsatz besonderer Papiere zu überdenken – oder aber: Sie überhaupt jetzt – ab jetzt – in Betracht zu ziehen.

Täglich gehen wir mit Papier um. Das sollte für uns Gestalter Anlaß genug sein, sich mehr als bisher mit Papier und seinen Wirkungen auseinanderzusetzen.

Mindestens die Gestalter sollten bemüht sein, gewissermaßen eine neue Sensibilität zu erlangen

Gedruckt auf Tintoretto/Ardesia 250 g/m²
Nettuno Pompelmo 100 g/m² ▷

44 47

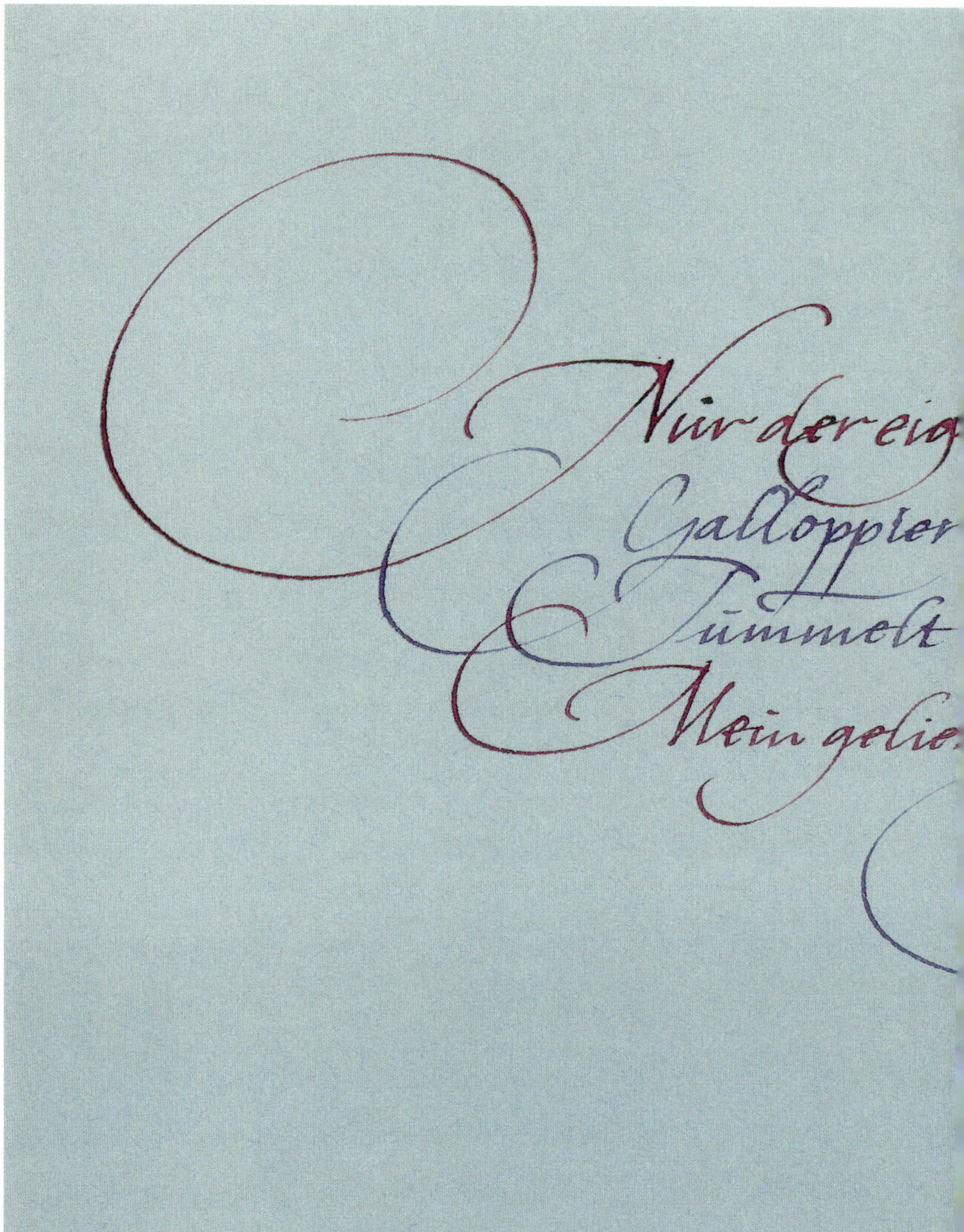
Nur der eig
Galloppier
Tummelt
Mein gelie

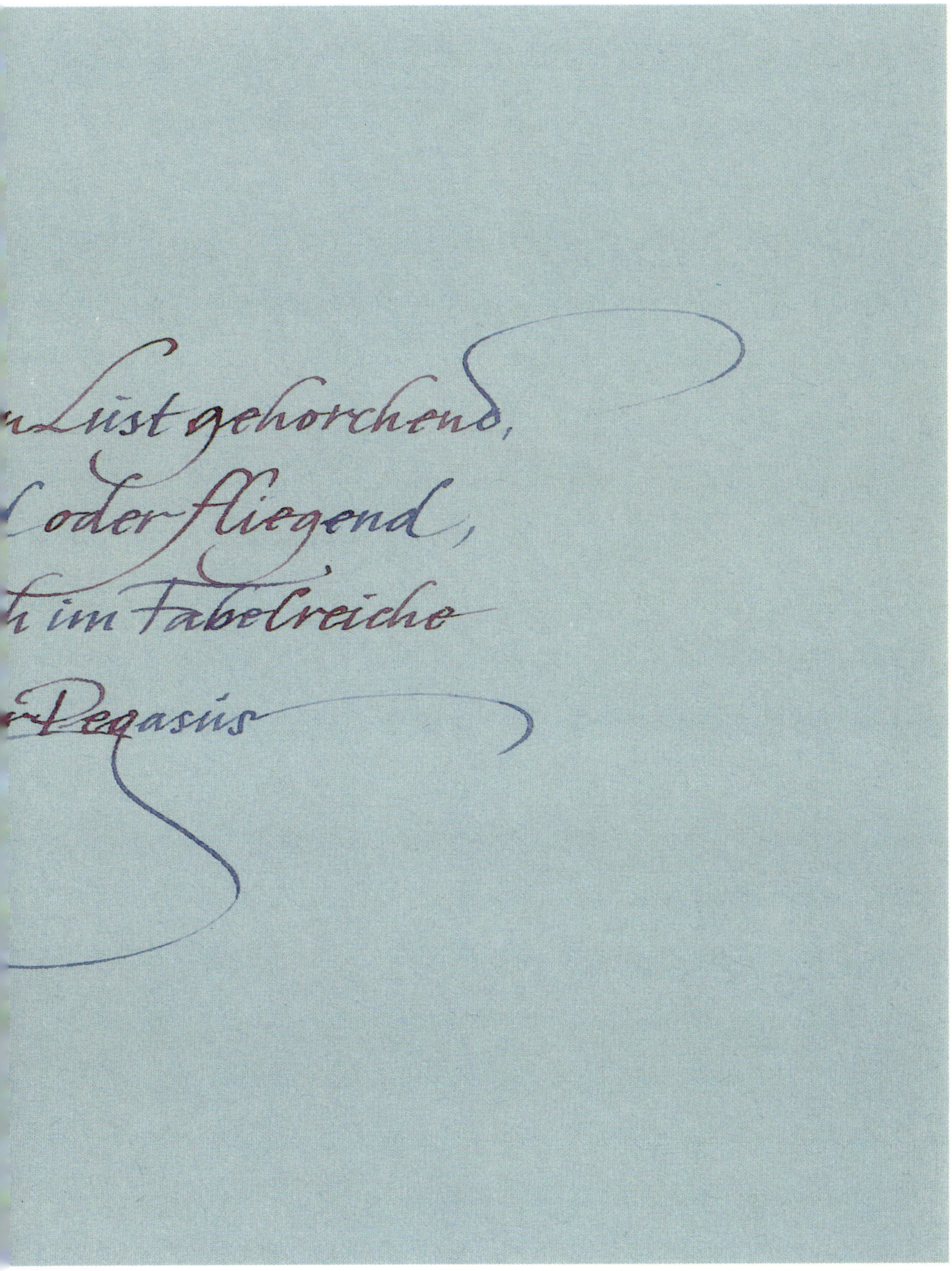

Gänsekiel und farbige Tinte auf getöntem Ingrespapier

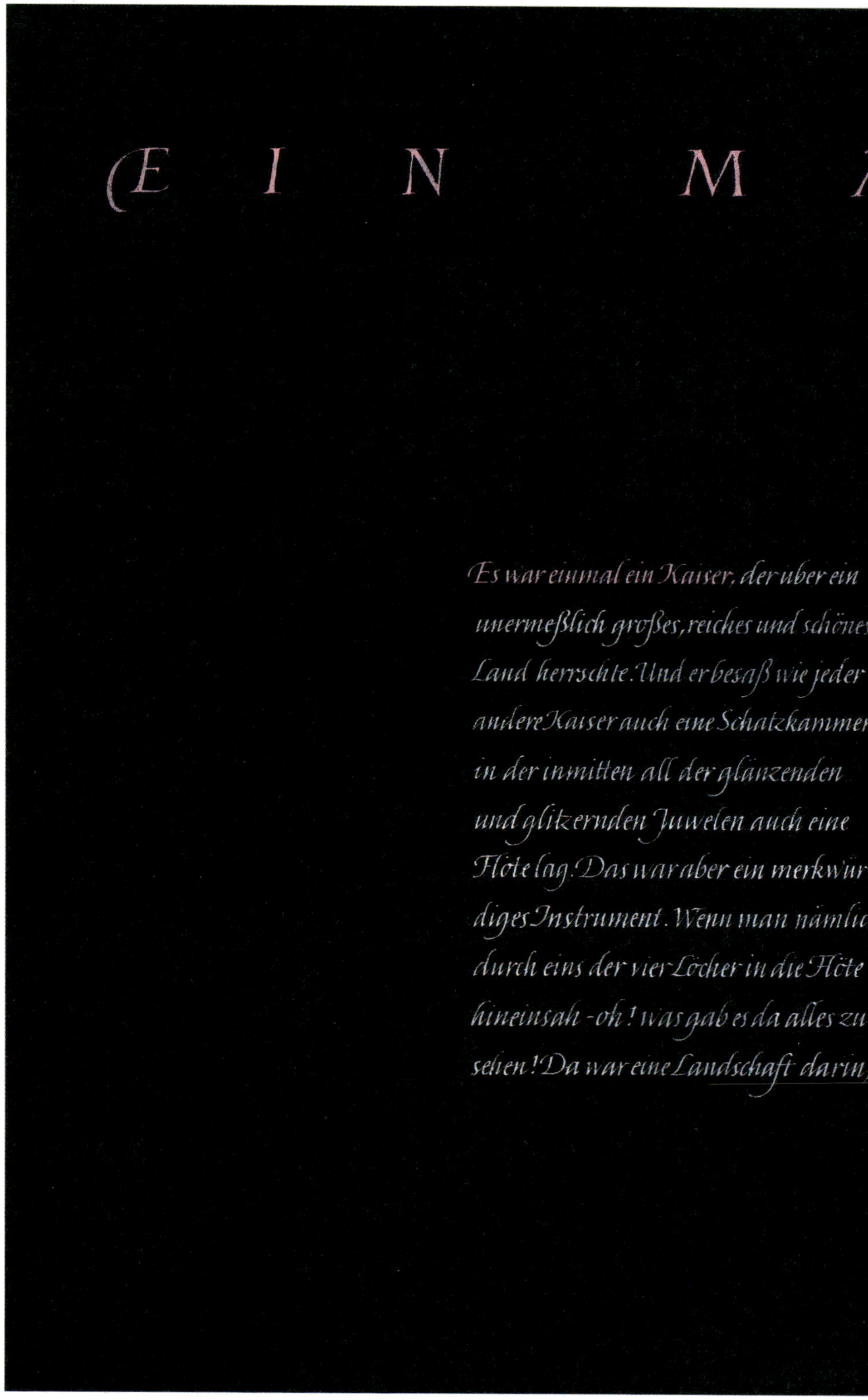

Breitfeder und Deckweiß auf schwarzem Ingrespapier

R C H E N

klein, aber voll Leben: Eine Thomasche
Landschaft mit Böcklinschen Wolken
und Leistikowschen Seen. Reznicieksche
Dämchen rümpften die Nasen über
Zillesche Gestalten, und eine Bauern-
dirne Meuniers trug einen Arm voll
Blumen Orliks – kurz, die ganze mo-
derne Richtung war in der Höle.
Und was machte der Kaiser damit?
Er pfiff drauf.

Kurt Tucholsky

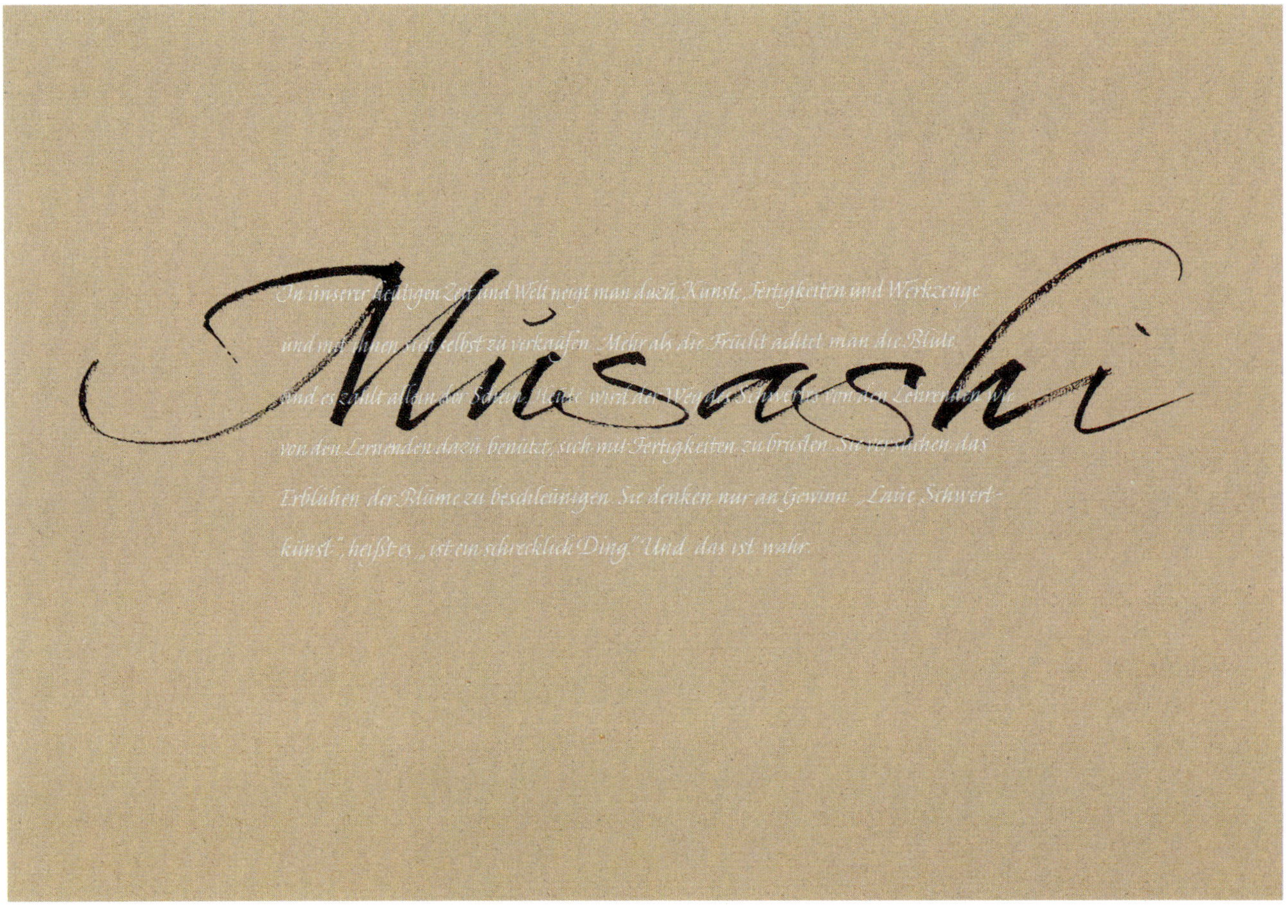
Musashi
In unserer heutigen Zeit und Welt neigt man dazu, Künste, Fertigkeiten und Werkzeuge
und mit ihnen sich selbst zu verkaufen. Mehr als die Frucht achtet man die Blüte
und erzählt allein der Schein. Heute wird der Weg des Schwertes von den Lehrenden wie
von den Lernenden dazu benützt, sich mit Fertigkeiten zu brüsten. Sie versuchen das
Erblühen der Blume zu beschleunigen. Sie denken nur an Gewinn. „Laue Schwert-
kunst", heißt es, „ist ein schrecklich Ding." Und das ist wahr.

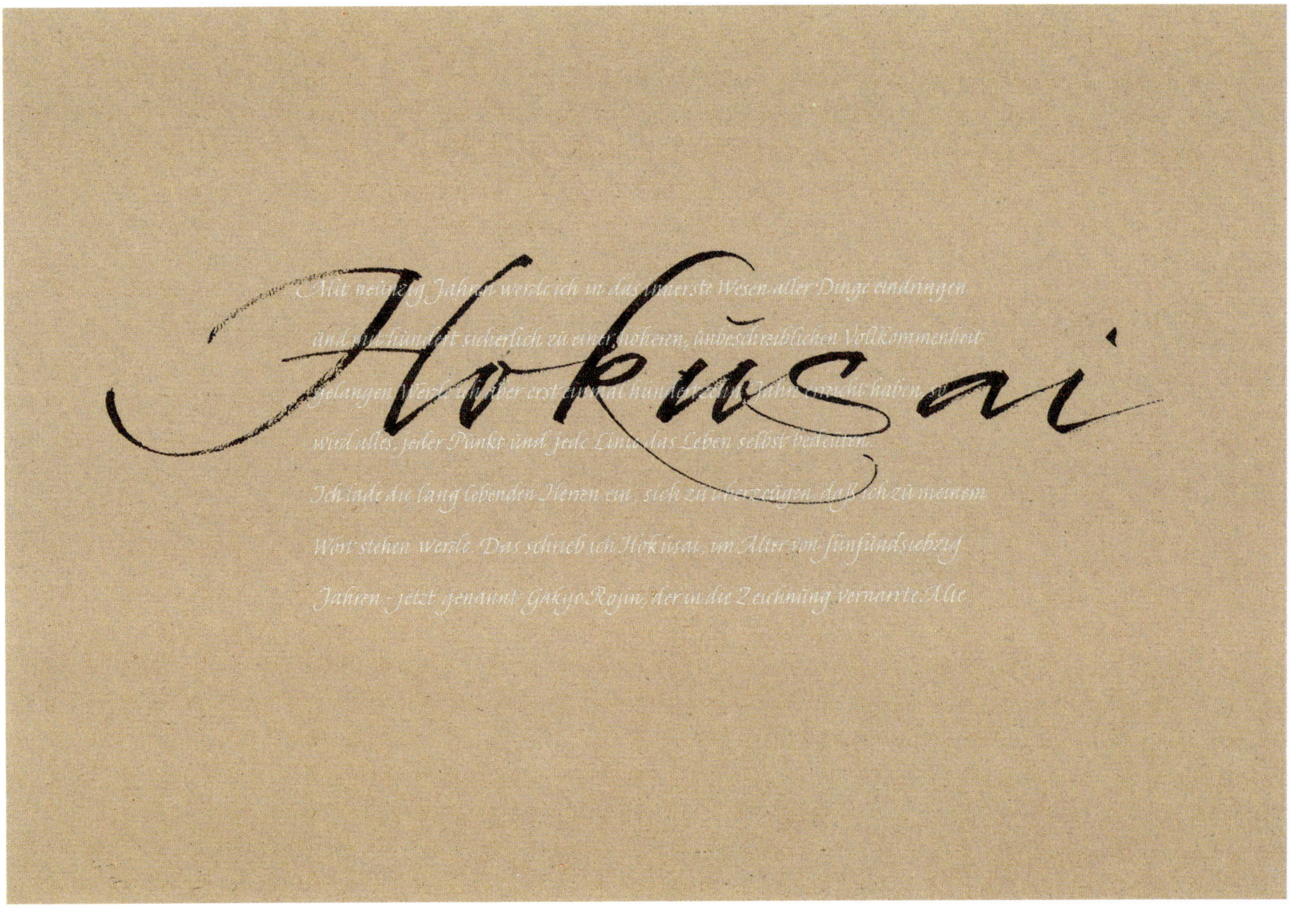

Bambusfeder und Breitfeder, schwarze und weiße Plakatfarbe auf Packpapier

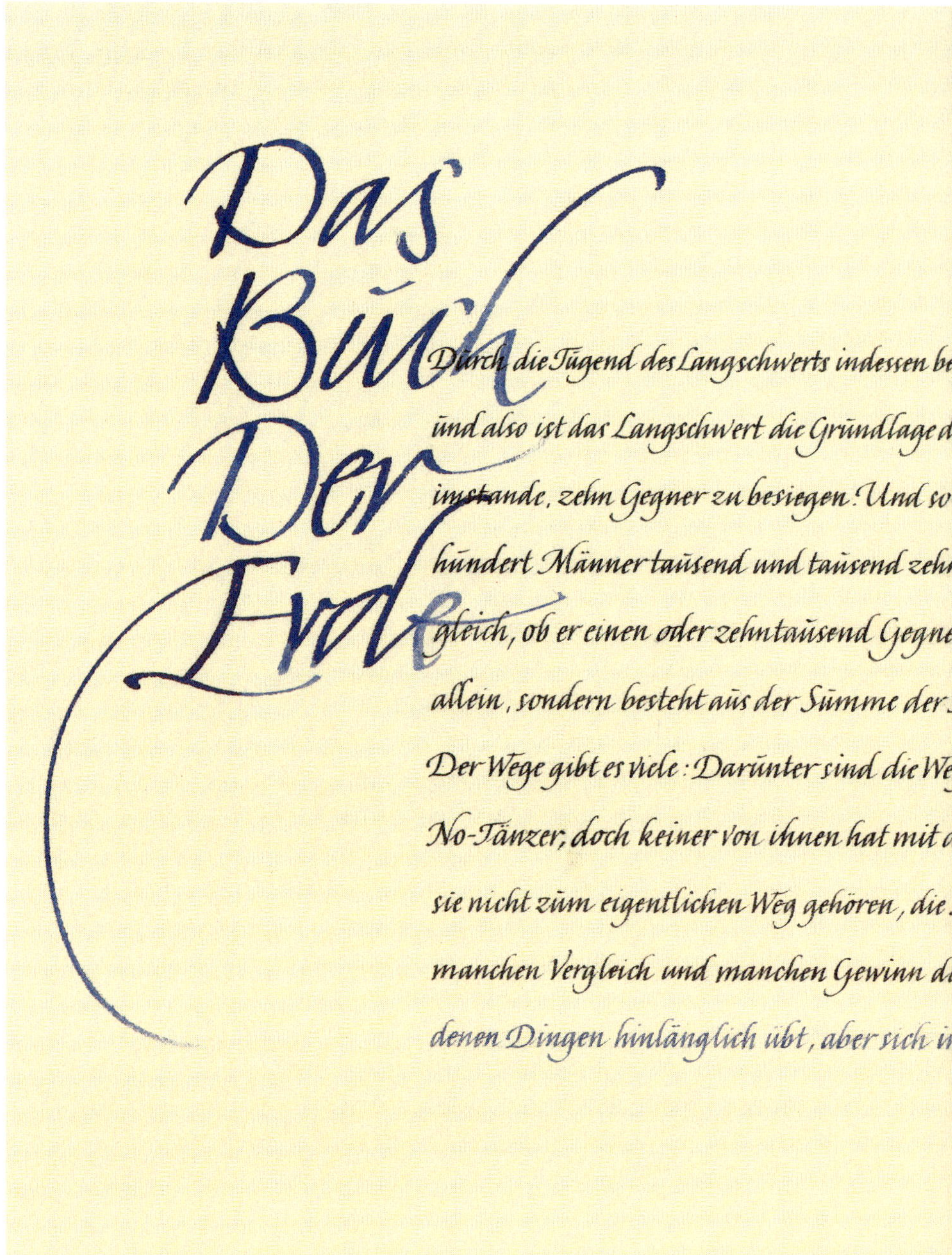

Rohrfeder und Breitfeder, schwarze und farbige Tinte auf getöntem Ingrespapier

ıan die Welt, beherrscht man das eigene Ich,
fkünst. Wer die Tügenden des Langschwerts erfaßt, ist
Mann zehn Männer besiegen kann, können
schlagen. Für den, der meiner Schüle folgt, ist es
ie Schwertkünst berüht nicht auf dem Schwert
n, die ein Samürai beherrschen sollte.
onfüzianer, der Büddhisten, der Teefreünde, der
des Kriegers zu tün. Wenn man indessen, obwohl
gründe dieser Wege wohl stüdiert, wird man
hen. – Es ist wichtig, daß man sich in den verschie-
che vervollkommnet.

Miyamoto Müsashi

Müsashi, einer der berühmtesten Samurai Japans, verfaßte, beeinflüßt durch Zen, Shinto ünd Konfüzianismüs, seine Strategie des Kämpfens – das Gorin-no-sho.

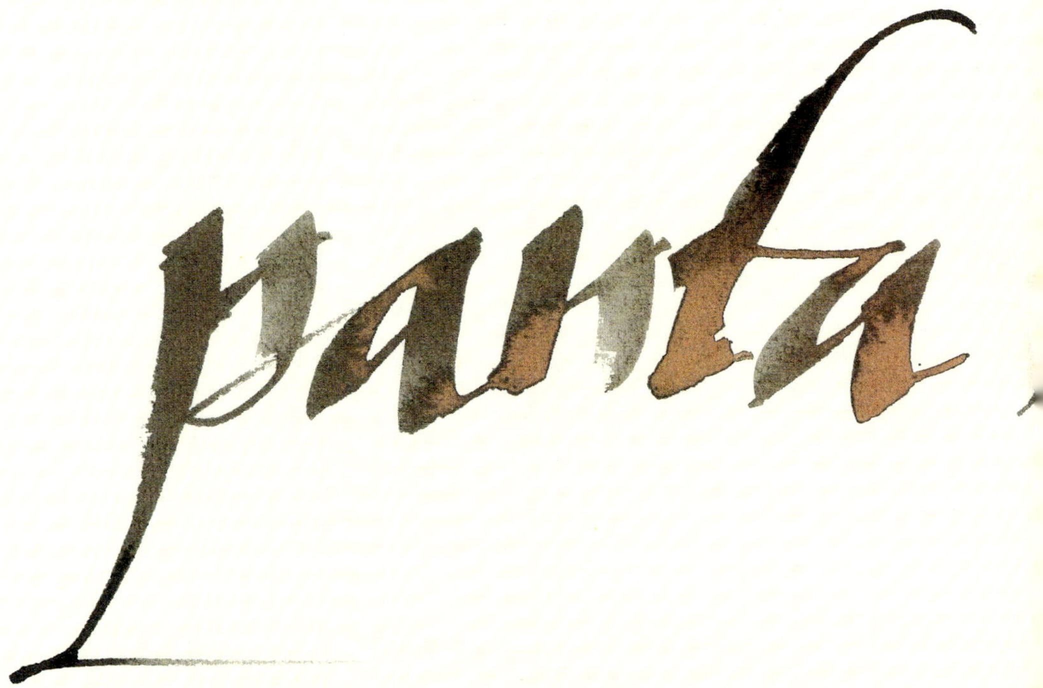

Kartonstreifen und Sepia auf getöntem Ingrespapier

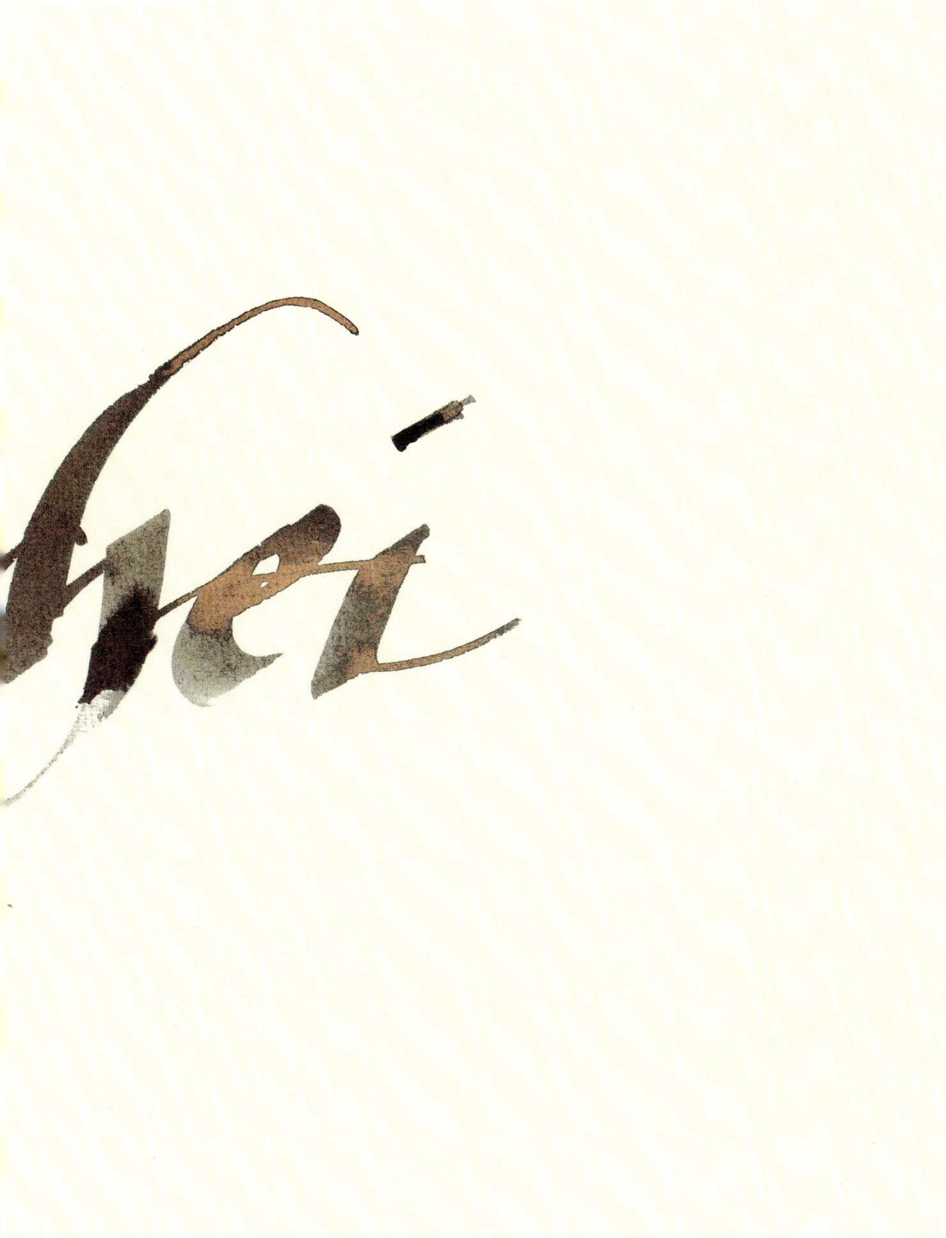

»Zuerst muß der werdende Schriftmann alles vergessen, was ihm je an Schriftformen angepriesen worden ist. Er muß dafür die richtigen, die vollkommenen klassischen Ausformungen der Schrift kennenlernen und sie gründlich studieren. Man lernt das nicht schnell. Der Weg zur Kunst ist mühsam. Wer sie schnell lernen will, soll gar nicht erst anfangen. Gute Schrift wird überhaupt in der Regel langsam erzeugt. Nur beim Meister mag es zuweilen flink gehen; darum heißt er Meister. Schrift ist wie alle Kunst nichts für ungeduldige Naturen.« (Jan Tschichold, Meisterbuch der Schrift).

Literatur

Andersch, Martin: Spuren, Zeichen, Buchstaben. – Ravensburg: Ravensburger Buchverlag Otto Maier

Bickham, George: The Universal Penman. – New York: Dover

Jessen, Peter: Meister der Schreibkunst aus 3 Jahrhunderten (Reprint: Masterpieces of Calligraphy). – New York: Dover

Käch, Walter: Schrift und Typographie 1/2. – Darmstadt: Studiengemeinschaft Darmstadt

Kapr, Albert: Schriftkunst – Geschichte, Anatomie und Schönheit der lateinischen Buchstaben. – Dresden: VEB Verlag der Kunst

Meyer, Hans: Die Schriftentwicklung. – Zürich: Graphis Press

Tschichold, Jan: Meisterbuch der Schrift. – Ravensburg: Ravensburger Buchverlag Otto Maier

Tschichold, Jan: Schatzkammer der Schreibkunst (Reprint: Treasury of Calligraphy). – New York: Dover

Über den Autor:

Helmut Egerer, Jahrgang 1957, Diplom-Designer, studierte Kommunikationsdesign an der FH Trier und arbeitete danach als Art Director für verschiedene Münchener Werbeagenturen. Seit 1987 ist er Mitinhaber eines Designstudios und lehrt außerdem Typografie und Kalligrafie.